法学专业民商法学方向课程与技能课程系列教材

# 民事证据法学

MIN SHI ZHENG JU FA XUE

总主编：高在敏　李少伟

主　编：李　政　徐秋菊

撰稿人：（以撰写章节先后为序）

薛少峰　张西安　李　政

李　红　徐秋菊　李　劲

中国政法大学出版社

2011·北京

# 编写说明

　　本书是西北政法大学民商法学院与中国政法大学出版社合作出版的法学系列教材之一，是关于民事诉讼证据法学的专门性教材。民事诉讼证据是民事诉讼法的重要组成部分，是学习民事诉讼法的一个重点和难点，是当前民事诉讼实务中的一个热点领域。为便于系统学习和掌握民事诉讼证据法的相关知识，我们编写了本书。供高校法律专业本科生以及法律硕士研究生学习本门课程使用，也可供喜爱探究民事诉讼证据的法律人学习和参考。

　　本书共九章，内容包括绪论、证据的基本理论、证据的分类和种类、证据规则、证明对象、证明责任、证明责任的分配、证明标准和证明过程，系统阐释了民事诉讼证据制度的基本概念和基本知识。本书在编写体例上作了精心编排，在各章设计了思考题，在本书附录一中，对历年司法考试有关民事证据的内容进行了梳理和解析，附录二中收录了有关民事证据方面的法律法规，目的是通过学习和思考，对民事诉讼证据的理论、规则及运用能融会贯通，学以致用。

　　本书由西北政法大学民商法学院民事诉讼法教研室教师编写完成，各章分工如下：

　　薛少峰：第一章

　　张西安：第二章

　　李　政：第三章　证据的分类和证据的种类（一、二、三）、第五章

　　李　红：第三章　证据的种类（四、五、六、七）

　　徐秋菊：第四、六、七、八章

　　李　劲：第九章

　　附录由西北政法大学诉讼法专业硕士研究生赵伟编辑。

　　全书由李政和徐秋菊统稿。

本教材融入了作者长期的教学经验和科研成果。本书的出版得到了西北政法大学民商法学院领导、同事和中国政法大学出版社的帮助和支持，谨表感谢。

编　者

2010 年 12 月

# |目 录|

第
一
章

# 第一章

## 绪 论

**导语：**民事诉讼证据法学是研究民事诉讼证据法律规范和民事诉讼活动中证据运用实践的学科，属于狭义的证据法学即诉讼证据法学的组成部分[1]。证据制度是证据法学的研究对象之一。在人类社会的发展过程中，先后出现了神示证据制度、法定证据制度、自由心证证据制度等制度形态。从法定证据制度时期开始，英国的证据制度走上与欧洲大陆国家不同的发展之路，并逐步形成英美法系国家特有的以一系列证据规则为内容的证据制度。中国古代在早期少量的、持续时间较短的神示证据制度之后，数千年的时间里，保持了证据制度内容的基本稳定；近代以来，中国在吸收、借鉴西方国家证据制度的基础上，根据国情，逐步建立起现代证据制度。

## 一、外国证据制度的历史发展

### （一）神示证据制度

证据制度史上，最早产生的是神示证据制度。该制度存续于西方奴隶制社会和欧洲封建社会早期。由于该时期人类社会发展的局限，科学技术水平十分低下，人类不可能借助科学的方法认识社会现象和自然现象，加之原始社会图腾崇拜的影响，人们将不能认识、难以解释的现象都归因于神灵。在诉讼中，对于难以确定的案件事实和难以裁判的争议，均借助无所不知、无所不能、公正的神灵，根据神的启示认定事实、裁判争议。根

---

[1] 卞建林、谭世贵主编：《证据法学》（第二版），中国政法大学出版社 2010 年版，第 1 页。

据神的启示确定案件事实、判断是非的证据制度，就是神示证据制度。

神示证据制度与该时期的控告式诉讼紧密关联。受原始社会私力救济遗风的影响，控告式诉讼视诉讼为当事人的私人事务，诉讼的提起和推进由当事人主导，法官只是消极的听讼，不主动查明案情。法官关注的是如何权威地裁判结案。当控告方和被告人基于利益的对抗争执不下、案件真伪是非难以判断时，在当时的认识能力和认识水平下，唯有借助公正的神灵，才能使双方当事人接受法官的裁判。

神示证据制度的主要内容是法律中关于证明方法的规定，体现神意的证明方法主要有：

1. 水审

·水审是通过特定方式使当事人接触水，按照特定的体现神意的规则，判定案件事实，作出裁判。水审分为冷水审和沸水审两种方式。

冷水审。在古巴比伦王国的法律中，对于被告人陈述的真伪以及判定其是否有罪的方法，是将其投入河中，如果被告人沉没，就表明其陈述是虚假的，将被认定有罪；如果被告人浮出，就表明其陈述是真实的，则被认为无罪。《汉谟拉比法典》第2条规定："倘自由民控自由民犯巫蛊之罪而不能证实，则被控犯巫蛊之罪者应行至于河而投入之。倘没为河所占有，则控告者可以占领其房屋；倘河为之洗白而彼仍无恙，则控彼巫蛊者应处死，投河者取得控告者之房屋"。第132条还有类似规定："自由民之妻因其他男人而受指责，而她并未被破获有与其他男人同寝之事，则她因其夫故，应投于河"。以投入河中判断事实并作出裁判的证明方法在其他民族的法律中也存在，如古日耳曼的法律。但古日耳曼法律中的判断标准与古巴比伦的恰好相反。根据古日耳曼的法律，被告人投入河中不沉没，意味着该人受到神的唾弃，其陈述是虚假的，其人是有罪的；相反，则表明该人的陈述是真实的，其人是无罪的。该标准确立的根据是，古日耳曼人认为水是最纯洁的，不接纳任何污秽的东西。

沸水审。沸水审是让当事人将手或脚伸进沸水或油中，以包扎后经历一定时间看烫伤是否愈合，或者以是否当场受伤来判定其陈述是否真实和有罪的一种证明方法。如果烫伤逐渐愈合或当场没有受伤，则其陈述是真实的，其人是无罪的；反之，则陈述虚假，其人有罪。

2. 火审

火审是让被告人接触火或者烧红的铁器，以体现神意的规则判定其陈述的真实性和是否有罪。如公元 9 世纪法兰克《麦玛威法》规定："凡犯盗窃罪，必须交付审判。如在审判中为火所灼伤，即认为不能经受火的考验，处以死刑。反之，如果不为火所灼伤则可允许其主人代付罚款，免除死刑。"14 世纪塞尔维亚《都商法典》第 152 条规定：被告人为证明自己的清白，应当接受烧红的铁的考验。其必须从教堂门口的火堆中取出烧红的铁，拿到祭坛上。经过一段时间，伤口愈合的，则被认为无罪；伤口溃烂的，则被认为有罪。[1]

3. 宣誓

宣誓是通过向神起誓的方式证明自己的陈述是真实的一种证明方法。该方法在神示证据制度时代最为常见，因为人们认为神是最公正的，也是无处不在的，敢于向神起誓就意味着没有欺骗，否则必然受到神的惩罚。如《汉谟拉比法典》第 20 条规定："倘奴隶从拒捕者之手逃脱，则此自由民应对奴隶主指神为誓，不负责任。"第 126 条规定："倘若某人没有失落什么而声称'我失落了某物'，并诬陷自己的邻居，则他的邻居应在神前发誓来揭穿他并没有失落什么，而他则应加倍偿还他的邻居自己所贪图的物品"。中世纪初期的《萨利克法典》第 58 条规定："如果有人杀了人，而交出其所有财产，但还不够偿付依法所该缴纳的罚金，那么他必须提供 12 个共同宣誓人，他们将宣誓说'在地上在地下，除已交出的东西以外，并没有其他任何财产。'

宣誓的对象除神灵以外，由于信仰的不同，还包括了圣物，如某种武器、动物等。

4. 决斗

欧洲中世纪的诉讼中，以决斗的胜负为判定是非的标准曾流行一时。视决斗取胜者得到神的帮助，他的陈述是真实的，其人无罪；决斗失败或不敢决斗者，未得神的保佑，被判定败诉或有罪。

许多国家的习惯法中都规定了决斗的具体规则和程序。如决斗的人必

---

[1] 卞建林、谭世贵主编：《证据法学》（第二版），中国政法大学出版社 2010 年版，第 12 页。
宋朝武：《民事证据法学》，高等教育出版社 2003 年版，第 2 页。

须属于同一阶级或等级；决斗者是绅士或领主的，可以用剑决斗，是农民或市民的，则只能用棍决斗。决斗在法国延续时间最久，直至1818年才由国会命令废除。

除上述证明方法外，神示证据制度下的证明方法还有许多，如十字形证明、卜筮、抽签等。

如前所述，神示证据制度是人类社会早期认识能力、认识水平低下的产物，以今天的眼光评判，显然是不科学的、是唯心主义的。但在当时的历史条件下，以其普遍性而言，神示证据制度的产生首先是一种必然，其次也有其优点，即以神示的证明方法作出的判决具有权威性。对神的崇拜、信仰和服从是当时人们的普遍心理。所以，基于神的意志作出的裁判具有社会基础，从而具有了很高的权威性，能够得到当事人的服从和社会成员的认可，从而有助于社会秩序的稳定。

（二）法定证据制度

12世纪以后，欧洲大陆各国随着封建君主制度的确立，政治专制统治催生了纠问式诉讼的产生。政治专制要求强化国家权力对社会的控制，表现在司法制度上，就是司法机关主动追诉，发现、调查证据，查明案情，并审判刑事犯罪案件；刑事被告人是诉讼的客体，不享有自我辩护的权利，只有如实招供的义务。同时，该时期的欧洲小国林立，世俗的王权并未一统天下，强大的教权凌驾于世俗王权之上，教会有着强大的势力，教会法院发挥着更大的作用和影响力。加之受罗马法复兴的影响，1215年，天主教拉特兰大教会明令禁止在审判中使用"神明裁判"，在其法院中推行"纠问式"诉讼。此后，欧洲各国陆续废止"神明裁判"，相继采用"纠问式"诉讼。当然，神示证据制度的消亡最为根本性的原因还是人类社会生产力水平的提高，人类认识自然的能力和水平的提高。

"纠问式"诉讼是适应政治专制需要的产物，必然体现国家，即封建君主对司法权的绝对控制。对司法权控制的手段在当时的历史阶段首先是统一司法，是为各地封建领主服务的司法变成为国王服务的司法，其次是强化对法官的控制，扼制法官的自由裁量权。

在上述经济、政治、法律、历史等多种因素的综合催生下，法定证据制度产生了。

法定证据制度，也称形式证据制度，是指法律预先规定各种不同形式证据的证明力、审查判断的标准和运用的规则，法官不得自由评判和取舍证据，审理案件必须按照法律的规定认定案件事实、作出判决[1]。法定证据制度全盛于 16～18 世纪，延续至 19 世纪中期。

法定证据制度的主要内容有：

第一，证据分为完善（或完全）的证据和不完善（或不完全）的证据，有了完善的证据就必须做出判决，没有完善的证据就不能做出判决。根据 1532 年神圣罗马帝国《加洛林法典》、1853 年《奥地利刑事诉讼法》和 1857 年《俄罗斯帝国法规全书》的规定，完善的证据如：受审人的坦白；书面证据；亲自的勘验；具有专门知识的人的证明；与案件无关人的证明；两个典型证人的证言（彼此无关，具有完全的信用和良好的品质，且对案件的陈述一致）等。不完善的证据如：受审人相互间的攀供；询问邻居所得知的被告人的个人情况和行为；表白自己的宣誓；一个可靠证人的证言等。

第二，不同形式的证据证明力不同。如被告人的自白是"证据之王"、是最完全的证据，无论是被告人主动做出的，还是刑讯逼供取得的（刑讯逼供是合法的）；书证中的公文书、原本的证明力大于私人文书和副本。

第三，不同等级的证人所作的证言证明力不同。如男子的证言优于妇女的证言；学者的证言优于非学者的证言；贵族的证言优于平民的证言；僧侣的证言优于世俗者的证言；基督教徒的证言优于犹太人的证言等。

第四，法律对不同证据的证明力加以量化，法官运用证据就是把证据"加减"。法官把指控的证据加起来构成一个完整的证明时，就可以作出有罪判决；如果不能构成完整的证明，就必须做出无罪判决；如果一个证言受到质疑，则法官可以减低其证明力。具体的加减规则如：①一个证人证言只能算半个证据，如果还有其他半个证据就可以认定事实。其他半个证据包括：通过刑讯获得的供述；商人账册中的记录；为一方当事人专门做出的关于诚实和事实的誓言；能够证明已有的半个证据的传闻证据或名声证据。②与案件有利害关系或个人信誉有瑕疵的证人证言是 1/4 的证明，而受到对方有效质疑的证据的证明力减半。③任何两个 1/2 的证据相加都可以构成完整的证明。任何两个 1/4 的证明或者 4 个 1/8 的证明相加都可

---

[1] 卞建林、谭世贵主编：《证据法学》（第二版），中国政法大学出版社 2010 年版，第 13 页。

以构成半个证明。

　　总之，法定证据制度作为"纠问式"诉讼下司法证明的基本模式，虽然是适应政治专制的产物，却导致了刑讯逼供的泛滥，而且死板、教条、缺乏灵活性，窒息了法律对社会生活多样化的适应性。可是其在提高司法证明的规范性、可预见性以及法律判决的权威性方面，还是表现出了一定的优点。

　　（三）自由心证证据制度

　　17、18世纪，欧洲资产阶级启蒙思想家提出以"天赋人权"为基础，主张自由、平等、博爱，法律面前人人平等等原则。在法律制度层面，法定证据制度下公然的、合法的刑讯逼供被猛烈批判。18世纪末、19世纪初，资产阶级革命胜利后，在建立资本主义诉讼制度时否定了封建制度下的"纠问式"诉讼，在证据制度上，以自由心证的证据制度取代了法定证据制度。1790年12月26日，法国国会中的资产阶级代表杜波尔向宪法会议提出革新草案，指出：不顾法官内心是否确信，强迫其根据法律预先对证据所作的各项规定来认定案件事实作出判决是荒谬的，对被告人以及社会都是有危害的。只有在审判中给予法官自由判断证据的权力，才能保证法官尽最大可能去查明案件事实，作出正确判决。经过辩论，1791年1月18日，法国宪法会议通过了杜波尔的议案，并于1791年9月29日颁布法令，正式宣布：法官必须根据自己的内心确信作为裁判的唯一根据，从而确立了自由心证的证据制度。1808年世界上第一部《刑事诉讼法典》在法国颁布，该《法典》第342条详尽规定了自由心证证据制度"在自由心证的制度下，法官以完全的自由来评判向其提出的证据的价值。法官按照其意识自行作出决定，依据其内心确信来判断被告有罪还是无罪，决定对被告是判刑还是无罪释放，无需对其认定的证据所赋予的证明力作出任何说明[1]"。此后，许多国家的法律相继确定了自由心证制度。如1865年的意大利《刑法典》、1877年的德国《刑事诉讼法和法院组织法》、1892年的沙皇俄国《刑事诉讼条例》等。

　　自由心证证据制度，是指法官根据自己具有的人类的普遍认识能力自

──────────

[1]　[法]卡斯东·斯特法尼等：《法国刑事诉讼法精义》（上册），罗结珍译，中国政法大学出版社2004年版，第46～47页。

由判断具体案件中证据证明能力的大小以及证据的取舍和运用，在形成内心确信后作出判决的证据制度。

自由心证证据制度发源于欧洲大陆国家。受职权主义诉讼模式的影响，法律对法官心证限制很少，只有少量的证据运用规则，如直接言词原则等，但远远没有形成英美法系国家长期积累的繁琐、复杂的证据规则体系。20世纪中期以后，随着英美法系与大陆法系的相互融合、相互借鉴，大陆法系国家为了消除自由心证主观随意性大、难以达到案件的客观真实等消极方面，开始不断改革，自由心证证据制度的内容也逐渐发生了变化，出现了规范、制约法官自由心证的规定，增加限制心证的条件，如要求说明判决的理由，强调法官心证的形成不得违反伦理及经验法则等。

自由心证的证据制度作为资产阶级革命的产物，体现了资产阶级政治追求与政治利益，推动了诉讼民主。从法律的角度讲，由于其具有较大的灵活性，能够适应纷繁复杂的个案情况，对于个案客观情况的认定具有积极意义，从而可以更好地实现司法公正。但由于其所强调的法官的内心确信并没有统一的标准，从而容易造成实践中的混乱。所以，最初的，或者说古典的自由心证证据制度是不完善的。20世纪中期以后，基于两大法系相互借鉴、融合的趋势，大陆法系国家的自由心证发生了变化，开始对法官的"自由"以证据规则加以限制，各国区别只在于限制的程度不同。所以，当今大陆法系国家的自由心证制度与古典自由心证制度已经有了较大变化。正如日本学者田口守一所言："自由心证主义当然不允许法官肆意判断。自由心证要求根据经验法则、逻辑法则进行合理的心证。自由心证主义必须是合理的心证主义。"[1]

（四）英美法系国家的证据制度

英美法系是以英国习惯法为传统，随着英国17、18世纪的殖民扩张而逐步建立起来的。所以，英美法系国家证据制度的历史主要是英国证据制度的历史。

英国早期实行的也是神示证据制度。公元11世纪，英国形成统一的普通法体系。从此，英国走上与欧洲大陆国家不同的法律发展之路。

英国的证据制度很大程度上是陪审团制度的产物。1166年亨利二世颁

---

[1]　[日]田口守一：《刑事诉讼法》，刘迪等译，法律出版社2000年版，第225页。

布克拉灵顿诏令，正式确定陪审制，规定：刑事案件必须由当地了解案情的 12 名陪审员向法庭控告，并证明犯罪事实。这种陪审团即为英国早期的"知情陪审团"。在知情陪审团审判下，陪审员是根据自己所知道的事实，而不是根据他人提供的证据审理案件，陪审员本身就是"证据"，所以法律无需就证据问题进行规定。随着时间的推移，知情陪审团的局限越来越明显，如在大的城镇，由于人口多、人员流动大，符合条件的陪审员难以找到，即使找到了，陪审员知道的案情也不够用等。司法实践中，陪审员是否了解案情慢慢地也变得不重要。知情陪审团开始向不知情陪审团转变。1352 年，爱德华三世下令禁止起诉陪审团参与审判，知情陪审团向不知情陪审团的转变完成。

14 世纪中期，英国的诉讼方式也完成了从"控告式"到"抗辩式"的转变。随着陪审制度和诉讼方式的转变，证据成为审判的中心，推动了英国证据制度的发展。

"抗辩式"诉讼下，证据的种类、证据的运用越来越复杂，而陪审员又不是法律专业人员，认知能力、道德素养并非整齐划一，在审查证据、认定事实时难免出现混乱或者偏差。为了规范陪审员的证明活动，保障司法公正，英国的证据制度围绕一系列证据规则的确立而逐步发展和完善起来。从 15 世纪开始，英国相继确立了最佳证据规则、传闻证据规则、文书证据规则、证人资格规则、强制作证规则、证言特免权规则等等。

17 世纪开始，英国通过殖民扩张，将包括陪审团和证据规则在内的普通法传播到北美等地，并成为这些国家和地区证据制度建立和发展的基础。尽管英美法系国家的陪审团制度从 19 世纪中期以后在司法实践中的运用逐渐减少，但基于陪审团制度确立的一系列证据规则，仍然是英美法系国家证据制度的核心内容，而且其适用范围也并不局限于陪审团审判。

当今的英美法系证据制度仍然保留了大量具体、繁琐的证据规则，但法官和陪审团在证据价值的评判上有很大的自由裁量权，从而表现出法定证据制度和自由心证制度相结合的特点，即采证上的法定证据主义，证据判断上的自由心证主义[1]。

---

[1]　宋朝武：《民事证据法学》，高等教育出版社 2003 年版，第 5 页。

### 二、我国证据制度的历史发展

（一）我国古代证据制度

1. 奴隶制时期我国证据制度的特点

公元前 21 世纪夏王朝开始，我国进入奴隶制社会。该时期的大多数时间均实行的是不成文的习惯法，在末期才有了成文法的记载。所以，对该时期证据制度的了解只能依据成书于该历史时期之后的文献，主要是《周礼》、《尚书》等。根据古代典籍的记载，我国奴隶制时期证据制度的特点主要有：

（1）较少的神示证据色彩。如《周礼·秋官·司盟》"有狱讼者，则使之盟诅"，"凡盟诅，各以其他地域之众庶，共其牲而致焉，既盟，则为司盟共祈酒脯"。这是关于要求当事人对神立誓诅咒的记载。《尚书·洪范》"稽疑择……作卜筮，三人占则从二人之言"。这是关于通过占卜确定证人证言真实性的记载。但是，在中国的奴隶制时期，神示证据始终没有成为主流，未被作为主要的证据制度。

（2）当事人口供与其他形式的证据并重，表现出一定的进步性。当事人口供真实性的判断主要依赖司法官的生活经验。《周礼·秋官·小司寇》就有关于判断当事人口供真伪方法的记载：司法官"以五声听狱讼，求民情。一曰辞听，二曰色听，三曰气听，四曰耳听，五曰目听"。根据郑玄的注释，辞听是"观其出言，不直则烦"，即观察当事人的语言表达，理屈者则言语错乱；色听是"察其颜色，不直则赧然"，即观察当事人的面部表情，理屈者则面红；气听是"观其气息，不直则喘"，即观察当事人的呼吸，无理则喘息；耳听是"观其聆听，不直则惑"，即观察当事人的听觉，理亏则听语不清；目听是"观其眸子视，不直则眊然"，即观察当事人的视觉和眼睛，无理则双目失神。"五听"实际上是通过观察被讯问者感官反应而确定其陈述之真假，虽然近于主观，但比起夏商"神判"显然已进了一大步，说明西周时期已经注意到司法心理分析问题，并将其运用到司法实践之中。周以后历朝的司法实践基本都沿用"五听"，以"五听"作为刑事审判的重要手段，如《唐六典》规定："凡察狱之官，先备五听。"

除运用"五听"甄别当事人的口供外，司法官认定案件事实还注意其他证据的运用。《周礼·地官·小司寇》载"凡民讼，以地比正之；地讼，以图正之。"即，诉讼中，可以由地方邻里作证证明；土地争议的，用官府地图证明。《周礼·秋官·士师》载"凡以财狱入讼者，正之以傅别、约剂"。即因财货诉讼的，用契约和券书证明。

（3）对证据不足的疑罪，实行从轻处罚；实行有罪推定。对疑罪的处理，自夏而周有一个变化的过程。夏朝时奉行"与其杀不辜，宁失不经"，即为防止错杀无辜，疑罪不应定罪。周时，则实行"罪疑惟轻"。对疑罪从轻处罚，体现出有罪推定。

2. 封建制时期我国证据制度的特点

从战国时代开始，我国步入了长达两千余年的封建社会。整个封建制时期，各王朝实行职权主义的"纠问式"诉讼，司法官在审判活动中积极主动，司法官的个人决断在证据认定和运用中占据决定地位。其主要特点有：

（1）口供至上，刑讯逼供合法。整个封建社会奉行"无供不录案"、"无供不定罪"，秦汉时期法律已经确认了刑讯的合法性。南北朝始，法律进一步对刑讯的方法、刑具的使用加以具体规定。唐朝时，在对刑讯的条件、方法、对象、拷打部位、刑讯工具等作出详细规定的同时，为了限制法外刑讯，对违法刑讯者的刑事责任也作出进一步规定。元、明、清各代的法律基本上均仿效《唐律》的规定，确认刑讯逼供的合法性。

（2）司法官"以五声听狱讼"，对证据自由决断，主观唯心主义色彩浓厚。历代王朝奉"五听"为断案的金科玉律，予以充分肯定。《唐律》、《明会典》等均有关于"五听"的详尽规定，同时还要求司法官注意参照其他证据的比较和校验。

（3）"诬告者反坐"、"伪证者罚"，以排除诬告、伪证对审判的干扰。《唐律·断狱律》规定"诸鞫狱者，皆须依所告状鞫之。若于本状之外别求他罪者，以故入人罪论。"证人故意作伪证，造成罪有出入的，对证人按照被告人所出入之罪减等处罚。

（4）继续奴隶制时期的疑罪惟轻、有罪推定。《唐律》规定"诸疑罪各依所犯以赎论"，即对疑罪处该罪的赎刑，该规定与西周时"墨辟疑赦，其罚百锾"的规定一脉相承。

（二）我国半封建半殖民地时期的证据制度

1840 年鸦片战争后，中国社会进入半封建半殖民地时期。从清末变法修律开始，延续数千年的中华法系解体，西方资本主义，主要是大陆法系国家的法律制度开始影响中国，中国的证据制度进入近、现代化时期。

20 世纪初，清政府在内忧外患之下，为延续封建地主阶级的政治统治，开始了一系列的变法修律活动。其间，参照德、法及日本等西方资本主义国家的成文法体系和法律原则，制定了大量的法律、法规草案，初步建立起一套近代意义上的、与原有法律体系完全不同的法律制度和司法体制。变法在客观上直接成为北洋政府及南京国民党政权法律制度发展的基础，为中国法律由古代法律体系向现代法律文明的转变提供了良好的条件。

1911 年 10 月辛亥革命胜利，"中华民国"建立，南京临时政府明文禁止刑讯逼供，并"不当偏重口供"。

1912 年 4 月～1928 年 6 月的北洋政府时期，尽管政治黑暗，但在证据制度方面还是有所建树，并开始实行自由心证制度。如 1922 年的《刑事诉讼条例》规定"犯罪事实，应依证据认定之"；"证据，由法院判断之"。

1928 年 6 月～1949 年 9 月，国民党政府统治时期的"中华民国"，效仿德国、日本等资本主义国家，在证据制度上继续推行自由心证证据制度。如1945 年修正的《刑事诉讼法》规定"犯罪事实，应依证据认定之，证据之证明力，由法院自由判断之"。《民事诉讼法》规定"法院为判决时，应斟酌全辩论意旨及调查证据之结果，依自由心证，判断事实之真伪"。

（三）新中国的证据制度

1. 新民主主义革命时期的证据制度

新民主主义时期，中国共产党人领导下的革命根据地和工农民主政权建立了人民司法制度，并以法令的形式坚决废除肉刑，规定不得仅凭口供抓人，要求收集的证据确实、充分。该时期并没有形成系统的、完整的关于证据的规定。

抗日战争时期，各边区政府陆续形成了实事求是、调查研究、重证据不轻信口供、严禁刑讯逼供的证据法原则。同时，还对当事人提供证据的责任、各种证据的收集与审查判断程序也进行了规定。该时期的许多内容，为新中国证据制度的创立积累了丰富而宝贵的经验。

解放战争时期，各解放区基本沿用抗日战争时期证据制度的内容，也有进一步的丰富和充实。如规定了犯罪证据的收集主体是公安机关；由于证据失实、不充分的原因，造成判决缺乏客观依据而应当予以改判的各种情况等。

2. 中华人民共和国的证据制度

建国初期到 20 世纪 50 年代前期，在废除国民党六法全书的基础上，人民政权总结了新民主主义时期司法工作的经验，逐步建立起新的证据制度。1950 年《人民法庭组织通则》规定"受理案件后，应认真地进行调查证据，研究案情，严禁刑讯。"此后《人民法院组织法》、《人民检察院组织法》的颁行，对社会主义证据制度的创立发挥了重要作用。

20 世纪 50 年代后期到十一届三中全会，是我国证据制度的停滞时期，而且建国初期确立的证据制度遭到严重破坏。

十一届三中全会以来，是我国社会主义法律制度建设飞速发展的时期，也是我国证据制度全面确立的时期。经过三十余年的发展，目前，我国的证据制度分别规定在三大诉讼法和有关法律、司法解释中。尽管还存在内容分散、部分规范效力层次较低、规范条款粗疏等缺陷，司法实践中也还存在一定问题，但较为完整的证据制度已经确立起来。

**本章思考题**

1. 何为神示证据制度？
2. 何为法定证据制度？
3. 何为自由心证证据制度？

# 第二章
# 证据的基本理论

**导语：** 证据素有诉讼基石之称。法院审理民事案件，必须在查明案件真实情况的基础上，才能依法作出裁判，而证据则是裁判的基本依据。在民事诉讼中，证据是一项重要的和最基本的诉讼制度。在掌握这一制度之前，首先必须把握证据的基本概念和特征。

## 一、证据的意义

### （一）证据是诉讼活动的基本条件

裁判必须建立在诉讼证据的基础之上，这一观念早已成为一项重要的诉讼原则，称"证据裁判原则"或者"证据裁判主义"。这一原则的内容虽然并不复杂，无非要求作出裁判应凭证据，但这一原则却是人类经过长期的磨难才最终得以确立的，它排斥以神灵启示、主观臆断等非理性的因素作为确认案件事实的根据，使裁判建立在客观实在、理性讨论的基础之上。从证明角度看，诉讼过程是收集证据、运用证据和审查判断证据的过程。这一过程通常是由法律加以规范的，由一定的原则加以统摄并由一定的程序和规则加以约束的。证据在诉讼活动中占有重要地位，它是用以查明案件事实的手段。诉讼最终要将一定的法律规范适于一定的事实，在适用法律之前必须查明案件事实，诉讼证据的功能在于使案件事实或者当事人的主张得到确认，最终使裁判者得以适用法律，形成一定的结论。

### （二）证据是司法公正的基础

证据对于司法公正的作用主要表现为：一方面，对案件的实体处理首先取决于能否运用证据准确地认定案件事实。证据具有提示案件真实情况的作用，而发现案件真实情况乃是对案件作出符合客观实际的正确裁判的基础，没有证据，就难以实现实体公正。另一方面，有关证据立法可以起到限制国家专门机关的权力、保障诉讼权利、实现程序公正的作用。

（三）证据是当事人维护其合法权益的工具

当事人的权利受到侵害或者发生争议，可以向国家专门机关请求法律救济，包括请求国家专门机关采取措施制止侵害，明确权属，迫使责任人赔偿损失等。当事人主张自己的权利、国家专门机关行使职权以维护当事人的权利，都必须依靠证据。没有证据，当事人往往不能使自己的主张得到支持，国家专门机关也难以行使职权来维护当事人的合法权利。因此，对立的双方为了证明各自主张的成立，就必须运用证据这一手段。当事人通过举证，证明自己主张的合法性，有效地反驳对方，辅助人民法院查明案件事实，从而达到维护自己合法权益的目的。

总之，证据是诉讼开始的基础，也是诉讼继续进行的推进器，还是引导诉讼走向终结的决定性因素。所以，证据制度构成了民事诉讼制度的核心。[1]

## 二、证据的概念

（一）证据的界定

1. 证据的词源

"证据"一词在汉语中的准确起源已经很难考证。从使用上看有两层意义，一是证明事实的根据。《抱朴子〈弥讼〉》：若有变悔而证据明者，女氏父母兄弟，皆加刑罪。《宋书－礼志－晋荀崧疏》：仪礼一经，所谓曲礼，郑玄于礼特明，皆有证据，宜置郑仪礼博士一人。二是证明，考据。《后汉书》八一《缪肜传》：时县令被章见考，吏皆畏惧自诬，而肜独证据其事，掠考苦毒[2]。

现代对于"证据"的概念，通常是从证明的依据这个意义上来确定的。《现代汉语词典》的解释就是："甲事物能证明乙事物的真实性，甲就

---

〔1〕　刘家兴：《民事诉讼法学教程》，北京大学出版社 1994 年版，第 167 页。

〔2〕　参见《辞源》（合订本），商务印书馆 1988 年版，第 1566、1587 页。

是乙的证据[1]。"其核心词是"证明"、"真实性",但却是把证据作为"事物"来归类的。新版《现代汉语词典》的解释则是"能够证明某事物的真实性的有关事实或材料[2]。"虽然其定义的核心词仍然是"证明"、"真实性",但把证据作为了"有关事实或材料"来归类。不管怎样,无论是证据一词的古义还是今义,都是从"证明的依据"这个意义上说的,都与人类的证明活动、认识活动密切相关,甚至是以人的认识活动为前提的。

2. 我国诉讼立法上的证据概念

1979年7月1日,第五届全国人民代表大会第二次会议通过了新中国第一部《刑事诉讼法》,该法第31条规定:"证明案件真实情况的一切事实,都是证据。"这是我国法律首次对证据一次作出的明确解释。1989年的《行政诉讼法》和1991年的《民事诉讼法》都明示或默示地接受了这一解释。我国学者多以此为界定证据概念的法律依据,得出"证据就是证明案件真实情况的事实"的证据定义,法学界逐渐形成了"证据就是事实"、"不属实者非证据"的传统,并且是主流的证据概念——事实说。

近年来,对"事实说"的质疑和反思不断。其中何家弘教授在《法学研究》(1999年第5期)发表的《让证据走下人造的神坛》对"事实说"提出强烈挑战。此后,该领域硝烟不断,一面是事实说霸主地位难撼,另一面是新锐诸侯攻城略地,根据说、材料说、事实材料与证明手段统一说等观点迭出,论争之激烈程度实属罕见。[3]

对"事实说"的主要质疑既有对其自身循环论证和逻辑矛盾的批判,也有基于认识论、价值论的批评。主要观点为:①法律的表述矛盾。刑诉法在给出证据定义并列举了7种证据之后,又明确指出:"以上证据必须经过查证属实,才能作为定案的根据。"既然证据都是"真实的"事实,既然不属实的东西都不是证据,那么还有什么必要去"查证属实"呢?

---

[1] 中国社会科学院语言研究所词典编辑室编:《现代汉语词典》,商务印书馆1983年版,第1477页。

[2] 中国社会科学院语言研究所词典编辑室编:《现代汉语词典》(第五版),商务印书馆2005年版,第1741页。

[3] 宋英辉、汤维建主编:《证据法学研究述评》,中国人民公安大学出版社2006年版,第150页。

②从认识论上看，"事实说"陷入了机械唯物论的认识误区，其根本缺陷是混淆了认识内容与认识对象的差别，将两者等同起来。③从价值论上看，"事实说"忽略了程序价值，带有难以克服的缺陷甚至是危害。④从诉讼实践看，"事实说"不符合诉讼实际，难以立足：首先，案件的复杂性决定了证据很难达到完全属实；其次，诉讼有一定的期限限制，这必然影响认识内容即证据的可靠性，使之与客观事实间存在着或大或小的距离；再次，某些证据规则使得证据的真实性受到影响；最后，现实生活证据存在真假混杂的情况，如果坚持证据的真实性，就会使我们处于一种非常尴尬的境地。对客观性的绝对追求可能导致法官无法判决，因为有些客观事实是永远无法发现的。例如，在没有其他证据印证的情况下，一张书写着"还欠款3000元"的字样的借据，法官是无论如何也不可能认知案件的客观事实究竟应当是"还（huan）欠款3000元"还是"还（hai）欠款3000元"。在不知客观事实究竟为何的情况下，固守必须依照客观事实定案的法官是绝对不敢做出判决的，否则就是主观性的判决，是错误的判决。这显然违背了"法院不得拒绝裁判的"诉讼原理，也不利于及时保护当事人的合法权益。

3. 证据的概念

对证据概念的确定应回归证据一词的本来含义，简言之，证据就是证明的根据。至于"根据"的具体表现形式或存在形式，就是法律中列举的书证、物证、视听资料、证人证言、当事人陈述、勘验笔录、鉴定结论等。这是对证据一词最简洁、最准确的解释[1]，也是人们普遍接受的证据定义。因此，可以将其称为证据的"基本定义"。从证据的"基本定义"来看，它并没有真假善恶的价值取向。好人可以使用证据，坏人也可以使用证据，只要你把甲用作证明乙的根据，甲就是证据。就真假的两值观念而言，"根据"一词也是中性的，它可真可假，或者说它可以同时包含真

---

[1] 当然，也有人指出"根据说"有自身不可克服的弊病。主要是根据一词过于抽象，不好把握且可操作性差；另外，该说只是从证据作用方面对证据进行阐释，难以充分揭示证据的本质。参见宋英辉、汤维建主编：《证据法学研究述评》，中国人民公安大学出版社2006年版，第151页。

与假的内容。[1]这样，法官依照证据所认定的事实与客观事实之间有可能是一致的（绝大多数情况），但也有可能是不一致的（客观事实无法或难以查清），但基于理性的诉讼观，法官只要按照法定程序，遵守诉讼规则，尊重当事人的诉讼权利，其对证据的判断就应当接受。[2]

根据以上理解，我国诉讼法上"证明案件真实情况的一切事实，都是证据"可以理解为法律对证据的要求，即诉讼中使用的证据应该是能够证明案件真实情况的属实的东西，可称之为"应然证据"；但是，要求不等于现实，应然不等于"实然"，司法实践中的证据——"实然证据"未必都能达到属实的标准。在明确法律实践中使用的定义时，我们只能立足于"实然证据"。

（二）与证据概念相关的几个概念

1. 证据材料

证据材料是指"在诉讼开始后，有诉讼参与人提供或者由办案人员经手的未经查证核实而准备的确认为证据的材料"。也有学者用证明材料表述与证据材料相同的含义，认为证明材料就是当事人提供或法院调取的用来证明案件真实情况的一切事实和资料。它包括两方面的内容，一是经法院审查最终认定为定案根据的诉讼证据；二是最终定案时未被认定的事实和资料[3]。证据材料或证明材料的概念是国内学者为解决我国诉讼法中证据条款的内在矛盾而提出的一个概念，试图解决对法律条文的理解和运用的矛盾。如，民事诉讼法第63条规定："证据有以下几种：①书证；②物证；③视听资料；④证人证言；⑤当事人的陈述；⑥鉴定结论；⑦勘验笔录。以上证据必须查证属实，才能作为认定事实的根据。"如果不将证据与证明材料分开，在理解民事诉讼法第63条第2款时必然会得出这样的结论：在上述七种诉讼证据中，有些是属实的，有些是不属实的。既然都是证明的根据，有的是属实，有的是不属实，会有自相矛盾之嫌。如果将该条第1款所称的七种证据理解为指的是证明材料，证明材料必须经过审查属实才能作为认定事实的根据，就比较符合逻辑。

证据和证明材料既有联系，又有区别。其联系为：二者均直接或间接

〔1〕　何家弘："让证据走下人造的神坛—试析证据概念的误区"，载《法学研究》1999年第5期。

〔2〕　张晋红、易萍："证据的客观性特征质疑"，载《法律科学》2001年第4期。

〔3〕　谭秋桂、冯林："对民事诉讼证据概念和分类的再思考"，载《法学评论》1999年第1期。

地源于事实，即均以案件事实为基础；证据是经证据材料调查核实或筛选后而确定的；二者有共同的表现形式，如言语、书面文字、物或物的痕迹等形式。二者的区别表现为：证据必须符合客观性、关联性、合法性等特征，证据材料则不一定具有或不一定同时具有上述特点。

针对证据材料的概念，亦有学者提出质疑，认为证据本身就是各种材料，在某种语境下使用证据资料的说法亦无不可，但若将其作为与"证据事实"相对应的一个概念，则有不妥。没有必要再硬造一个"证据材料"的概念，否则会给本来误区重重的证据概念"乱上添乱"。[1]

2. 证据能力

证据能力也称为证据资格、证据力，是指证据资料在法律上允许其作为证据的资格。[2]因此，证据能力是指法律对事实材料成为诉讼中的证据在资格上的限制和要求，是事实材料成为诉讼证据的标志。证据能力的概念表达了证据在法律上的特征，揭示了证据的法律属性。对证据能力问题的解决，确定了证据的调查范围，并为进一步关于证明力的评价和判断提供了一个必要的前提。

各国在法律上很少对证据能力作出积极的规定，一般仅消极地就无证据能力加以规定，或者对证据或其能力加以限制。理论上通常将证据能力划分为三种。以我国 2001 年《最高人民法院关于民事诉讼证据的若干规定》（以下简称《证据规定》）为例，分为①有完全证据能力：事实材料符合法律规定和不需要证明的事实。②相对证据能力：事实材料不完全符合法律规定，需要履行一定的程序或其他补救措施才可以作为证据使用。如，该《证据规定》第 69 条规定，下列证据不能单独作为认定案件事实的根据：一是未成年人所作的与其年龄和智力状况不相当的证言；二是与一方当事人或者其代理人有利害关系的证人出具的证言；三是存有疑点的视听资料；四是无法与原件、原物核对的复印件、复制品；五是无正当理由未出庭作证的证人证言。（3）无证据能力：证据材料不合法、法律明确禁止在诉讼中使用。如，该《证据规定》第 47 条"未经质证的证据"、第 53 条"无证人资格的证言"以及第 68 条"非法收集的证据"等。有完全

---

〔1〕 何家弘、刘品新：《证据法学》，法律出版社 2004 年版，第 110 页。
〔2〕 刘金友主编：《证据理论与实务》，法律出版社 1992 年版，第 65 页。

证据能力的证据自始即是可采的，有相对证据能力的证据只有在结合其他的证据之后才是可采的，无证据能力的证据从一开始就是被排除在诉讼之外的。

3. 证明力

证明力是指证据所具有的证明案情的能力，有时也称作"证据价值"，即证据对案件事实的存在，有没有以及有多大的证明价值。因此，只要某一项证据在逻辑上能一定程度地证明当事人所主张的案件事实，该证据就具有证明力。证据的证明力强调证据对案件事实的证明作用和程度的大小。

证据与待证事实之间的关联性可以反映出证据证明力的大小。"关联性这个概念天然地和证明力联系在一起。"[1]证据的关联性与证据的证明力二者之间的关系可以表述为：证据与案件事实的关联及关联的程度决定了证据的证明力及其大小，而证据的证明力的有无及大小又反映了证据与案件事实之间的关联性的有无及程度。关联性强的证据证明力强；关联性弱的证据证明力弱；无关联性，无证明力。但关联性与证明力并不完全相同。关联性是外在于人的主观性而客观存在的，但人们对它的认识却是主观的。因为证据事实本身不能表达这种客观的联系。因而，对相关性的判断并没有固定的标准，很大程度上依赖人们的生活常识、经验法则、直观判断，有的时候也需要严格的逻辑推理。证明力是证据本身的效力，对证明力的有无及大小虽然也主要由法官来判断，但为避免使情况相似的案件因法官个体差异的不同而得到不同的审理，为防止出现不公正或引起证明力判断上的混乱，立法者经过多年的司法实践经验，也规定了一些有关证明力的规则。例如，为了适应审判方式改革的需要，保证各级法院正确、及时地审理案件，最高人民法院于 2001 年颁布《关于民事诉讼证据的若干规定》中，就明确规定某些证据的证明力高于另一些证据的证明力。例如，该《证据规定》第 77 条明确指出："人民法院就数个证据对同一事实的证明力，可以依以下原则认定：①国家机关、社会团体依职权制作的公文书证的证明力一般大于其它书证；②物证、档案、鉴定结论、勘验笔录或者经过公证、登记的书证，其证明力一般大于其它书证、视听资料和证

---

〔1〕 汤维建："关于证据属性的若干思考和讨论——以证据的客观性为中心"，载《政法论坛》2000 年第 6 期。

人证言；③原始证据的证明力一般大于传来证据；④直接证据的证明力一般大于间接证据；⑤证人提供的对与其有亲属或者其他密切关系的当事人有利的证言，其证明力一般小于其他证人证言。"

证据的证明力与证据能力之间存在密切的关系。二者的联系在于：①都是定案证据所必须具备的特征，法庭所最终采纳的证据必定同时具有证据能力和证明力，缺一不可；②欲成为定案证据，必须先有证据能力，而后才产生证明力的问题，一项证据若没有证据能力，就丧失了作为证据的资格，必定不能进入诉讼领域，也就谈不上对案件事实的证明作用，当然没有证明力，但若无证明力，即使具有证据能力在诉讼中也没有实际意义，不能作为定案的根据；③证据能力是从形式方面来观察证据的资格，证明力是从实质方面来考察证据的价值；④均存在由法官自由裁量的因素。但二者毕竟是不同的概念，其区别主要表现在：①证据能力是证据材料转化为证据的可能性，证明力是现实性。②证据能力与合法性相关联，证明力与关联性相关联。③证据能力表现为法律对于证据资格的限制，有无证据能力主要依法律所规定的来判断，辅之以法官的自由判断；而有无证明力主要以法官的自由裁量权来判断，较少由法律预先作出规定。④证据能力是法律范畴，证明力是逻辑范畴。

4. 证据方法、证据资料和证据原因

证据方法、证据资料、证据原因这三个术语在我国证据法学中运用得很少，但在大陆法系国家和地区如日本、德国、我国台湾地区则得到了普遍的认同。

证据方法是指当事人向法院提出的用以证明案件事实的作为调查对象的有形物。分为人证与物证。人证就是把人作为证据方法，经过对人的询问所得到的被询问人所作的陈述即可作为认定事实的材料，通常有证人、鉴定人及当事人三种；物证就是把物作为证据方法，经过检查物证所取得的认定事实的材料，通常包括书证和勘验物两种[1]。具体来讲，民事诉讼中存在五种证据方法。对人证一般采取口头质问并接受应答的方式进行证据调查。录音、录像、光盘等出现后，将其归于何种证据方法有一定的争议，日本民事诉讼法中对以图纸、相片、录音录像带或其他的信息表示为

---

〔1〕　〔日〕兼子一、竹下守夫：《民事诉讼法》，白绿铉译，法律出版社1995年版，第100页。

目的而制作的非文书物件以准文书的方式进行规定。

证据资料是通过证据方法获得的内容，如证人的证言、鉴定人的意见、书证的内容、勘验的结果等。由于它是法官通过五官获得的内容，所以是无形物。一般来说，证据方法与证据资料的关系是，通过调查证据方法，就能获得证据资料。在我国，大多数学者是在与证据材料等同的意义上使用"证据资料"一词的，其含义和用法已如前述。但是，也有少数学者提出了较独特的见解，从对勘验检查笔录和鉴定结论的"证据"身份进行质疑出发，提出了独特的证据资料的定义。该学者认为，证据资料是指司法机关调查证据而形成的文字材料或其他材料，产生在程序过程中，但是程序过程中产生的文字等材料并不都是证据资料，证据资料仅指在程序过程中产生的，反映了证据的文字等材料，具体说来，证据资料包括勘验、检查笔录、鉴定结论、讯问笔录、询问笔录和为调查证据而摄制的音像资料等。此外，司法实践中形成的搜查笔录、扣押笔录等有些也具有证据资料的性质。证据资料与证据有着本质的区别，表现在：①证据资料是在证据调查过程中产生的，而证据则在调查之前就已客观存在；②证据产生于实体过程，而证据资料则产生于程序过程；③证据独立于人的意识之外，证据资料的产生却离不开办案人员的思维活动；④证据是人认识的对象，而证据资料则是人认识的结果。从以上论述中，还可以归纳出证据资料的基本属性：主观性和派生性。证据资料的主观性是指证据资料是人的主观认识的产物，它同人的思维有着密切的联系；派生性是指"证据资料由证据产生，受证据制约，被证据检验"。该论者认为，区分证据和证据资料，有利于解决法学界一直存在的"证据有无主观性"的争论，可以为分清证明和证据、主观和客观奠定基础，并对减少司法工作人员调查收集证据的盲目性，提高办案水平具有重要意义[1]。

证据原因是指使法官能够形成心证的原因。在大陆法系国家如日本的民事诉讼中，除证据资料外，口头辩论的全部意旨也能成为证据原因[2]。而在刑事诉讼中，只有证据资料才可以成为证据原因。

---

[1]　裴苍龄："论证据资料"，载《法律科学》1998 年第 1 期。
[2]　日本新《民事诉讼法》第 247 条规定，法院作出判决时，应当斟酌口头辩论的全部旨意和调查证据的结果，依据自由心证判断对于事实的主张是否应认定为真实。

### 三、证据的基本特征

民事诉讼证据的特征，即民事诉讼证据的本质属性。一般认为，民事诉讼证据具有三个基本特征[1]：

#### （一）证据的客观性

证据的客观性是指证据所反映的内容是客观存在的事实。证据必须具有客观性，这是证据最重要的本质属性。证据的客观性具有这样几层含义：①证据的载体是客观存在的。例如，就书证而言，必须有称为书证的、承载书证内容的载体存在。就证人证言而言，必须有证人存在。②证据所反映的内容必须是真正发生过或者将来必然要发生的事实，而不是杜撰的、臆想的。③证据所反映的内容必须是真实的，必须确有其事。④证据的客观性处于矛盾的主要方面，是决定事物性质的方面。证据是已经过去的客观事实在人脑思维中的再现，对证据的最终判断是以客观事实为基础的，因而证据的客观性是本质的方面。举例说明证据客观性的四个方面：张三到法院诉称李四曾借他 5000 元钱至今未还，并出示了由李四签名的借据。诉讼中李四承认确有借钱的事实，则该借条可以证明张三与李四之间曾经存在借款关系，即作为"李四借过张三 5000 元钱"这一事实的证据；之后，李四辩称钱已经归还，只是当时忘记收回借据，若经查证属实，那么，张三所主张的"至今未还的事实"就不能以此借据来证明。因为该借据是违背"已经还钱"这一事物的本来面目的，是不真实的。

证据之所以具有客观性，是因为凡是发生过的事实都会以这样或者那样的形式在客观的自然界或人类的精神世界留下各种印记或痕迹，这种印记或痕迹与案件事实之间存在着一种客观的、内在的联系，人类通过理性和逻辑的力量能够根据已知的证据（各种印记和痕迹）推导出未知的案件

---

[1] 我国学者多习惯从证据概念问题的延伸角度研究证据的特征或证据属性。也有著述从证据资格角度研究这一问题。所谓证据资格（Competency of Evidence）是大陆法系证据法律制度习惯使用的概念，这一问题在英美证据法律制度中被概括为证据的"可采性"（Adimssibility of Evidence）。我们认为，区分证据的概念和证据的资格有非常重要的意义，一个材料或一个东西是否可以被叫做证据，主要取决于它是否被有关人员用做证明的依据，这是证据的概念问题；至于这个证据能否被司法机关采纳为证据，则要看其是否具备作为该种证明活动的证据的资格，是否符合该种证明活动所要求的证据资格。

事实（发生过的事实）。

承认证据具有客观性的特点具有积极的历史意义。证据的客观性表明案件事实的认定具有可靠性。证据的客观性成为现代证据制度区别于过去非证据裁判主义的本质特征，是证据裁判主义的基本要求。因此，多年来，人们对于证据应当具有客观性的特点基本上是无争议的[1]。

（二）证据的关联性

证据的另一个重要属性是证据的关联性。证据与待证事实之间内在的关联性，是一种客观存在，不以人的意志为转移，缺乏关联性，证据就不能成为证据。不管人们对证据的属性问题争论如何，证据的关联性是各国证据学理论与实践界普遍承认的证据所具有的基本属性。

证据的关联性又称证据的相关性，是指证据与案件中的待证事实之间必须有客观的联系。如果证据材料与待证事实之间不具有相关性，即使它是客观存在的，也没有任何事实际意义。关联性概念得以产生的基础是哲学上的普遍联系的观点。待证事实与证据之间通过事物之间的逻辑联系连接起来。关联性要求证据应当能够全部或部分证明待证事实的存在或不存在。值得注意的是，相关性是证据与待证事实之间的联系，而非与案件事实之间的联系。案件事实是待证事实的主要部分，但待证事实比案件事实的范围要广，待证事实包括案件事实与其他在诉讼中需要证明的事实，如程序事实、证据事实，外国的法律、法规等。

在司法实践中，证据的关联性的解释显然太抽象、难以作为证据特征的具体标准，正如美国证据学家华尔兹教授所指出的："……相关性实际上是一个很难用切实有效的方法界定的概念。相关性容易识别，但却不容易描述。"[2]美国学者摩根认为证据的关联性分为两个方面：证据与案件事实分别具有逻辑上的关联性与法律上的关联性。逻辑上的关联性，是指依事件发生的通常过程，某一事实的单独存在，或结合其他事实的存在，可导致另一事实的存在为可能或实在。已有逻辑上的关联，且不受排除规则的排除，就称为具有法律上的关联。因此，法律上的关联性与逻辑上的

---

[1]　近年来，我国证据法学界有使用"真实性"一词代替"客观性"的措词。

[2]　[美]乔恩·R.华尔兹：《刑事证据大全》，何家弘等译，中国人民公安大学出版社1993年版，第64页。

关联性在性质上是一样的，二者只是在适用的范围上有所区别而已。

我国传统证据学理论通常所称的关联，仅是指逻辑上的关联而言。这种逻辑上的联系，有可能是直接的，也可能是间接的，有可能是密切的，也可能是疏远的，但只要证据具有"可以使待证事实显得更有可能或更不可能"的功能，反映了一定的案件情节，就称之为具有相关性，而不涉及该证据是否真的能被法庭采纳。

我们认为，证据的关联性必须达到一定的程度和水平。证据逻辑上的关联性有大有小、有强有弱，而司法证明活动要受多种因素的影响，不能无限期无范围地进行下去，因此使用一个证据必须对证明案件事实或其他有争议的事实有确实的帮助，即证据的关联性必须达到一定的程度和水平。在具体的民事诉讼活动中，对证据关联性程度的把握可以分解为以下三个问题：①这个证据能够证明什么事实；②这个事实对于解决案件中的争议问题有没有实质意义；③法律对这种关联性有没有具体的要求。通过回答这三个问题，可以比较准确的把握证据的相关性标准[1]。

需要注意的是，人们对证据关联性的认识也会受到科学技术等因素的影响，一些过去认为没有关联性的东西，随着科学技术的发展，有可能就具有了关联性[2]，需要法律工作者不断学习科学技术知识，提高对证据相关性的识别能力。

（三）证据的合法性

证据的合法性是指证据必须是按照法律的要求和法定程序取得。证据的合法性是证据领域最有争议的问题之一，有的人认为它是证据的本质特征或基本要素之一，合法性与客观性和关联性一起，构成了证据的三属性。此说称为"三性说"。还有一部分人始终坚持认为，合法性不是证据的本质属性之一，证据不需要具备合法性就能发挥证明作用。此说称为"二性说"。我们认为，合法性是证据的本质属性之一，只有符合法律规定的、同时具有客观性与相关性的证据材料才会最终被法庭采纳，成为定案证据。不符合法律规定的证据被视为非法证据，不具有使用价值，应当被

---

〔1〕　参见何家弘、刘品新：《证据法学》，法律出版社 2004 年版，第 114 页。

〔2〕　如日本警察科学研究所法医山本茂发现植物也有血型，提醒侦察人员在现场提取血迹时，一定要注意不能混入植物的叶、花、皮之类。特别是侦察发生在公园、山野、森林、河边的案件，尤其要注意。

排除在诉讼程序之外。证据的合法性包括以下四个方面的含义：

1. 证据的主体合法

不符合法律规定的主体提供的证据，属于非法证据，例如，依我国法律规定，不具有鉴定资质的人或与本案有利害关系的鉴定人出具的鉴定结论，以及不能正确表达意志的人所提供的证言，不能被法院采用，就属于证据主体不合法。

2. 证据的形式合法

证据的形式必须合法包括两层含义：①证据的形式必须符合法律的要求，必须以法律规定的存在形式表现主来，否则即视为不合法。例如，未经单位负责人签名或者盖章，或者虽有单位负责人签名或者盖章，但未加盖单位的公章的以单位的名义出具的证明文书；又如，只有鉴定人签名而无鉴定单位盖章或者只有鉴定单位盖章而无鉴定人签名的鉴定结论。②当法律规定某些法律行为须用特定形式来实施时，应当使用特定形式的证据来证明。如书面证据、公证证据、登记证据等等。此可称为证据形式的特殊合法性。这种合法性为合实体法。但在实际生活中，这一条含义适用并不是绝对的，也就是说，没有书面的合同也未必不能证明合同的存在，只是证明起来有些困难罢了。

3. 证据收集程序合法

由于我国证据的收集采用当事人举证为主法院取证为辅的模式，所以证据收集程序的合法就包括两种：当事人或其诉讼代理人收集证据的合法以及审判人员收集证据的合法。

（1）当事人或其诉讼代理人收集证据的合法。事实上我国法律虽然规定了当事人及其诉讼代理人有权收集、提供证据，但并未明确赋予当事人收集证据的途径与手段，更未规定这一权利受到妨害时的救济方法，法律只是规定"证据的取得必须合法，只有经过合法途径取得的证据才能作为定案的根据"。但究竟什么是非法收集的证据，理论界的认识并不统一。一般而言，学者都同意将以暴力、胁迫、利诱、欺诈的方式收集的证据视作非法证据。问题的焦点在于"未经对方当事人同意录制、拍摄的证据"是否应当列为非法证据。最高人民法院对此问题的态度也有变化，1995 年《最高人民法院关于未经对方当事人同意私自录制其谈话取得的资料不能作为证据使用的批复》明确指出，"未经对方当事人同意私自录制其谈话，

系不合法行为，以这种手段取得的录音资料，不能作为证据使用"，2001
年《证据规定》第68条则笼统规定为"以侵害他人合法权益或者违反法
律禁止性规定的方法取得的证据，不能作为认定案件事实的根据。"由于
该司法解释并未明确指出何为"侵害他人合法权益或者违反法律禁止性规
定的方法"，故该司法解释颁布实施之后，还需要根据个案的具体情况具
体识别某种取证方法是否侵害他人合法权益或者是否属于违反法律禁止性
规定的方法。

（2）审判人员收集证据的合法。我国关于证据收集必须符合法定程序
的规定最早是用于约束法院的审判人员的。因为我国1991以前年民事诉讼
中的证据是由人民法院收集的，为了保证审判人员能够客观、全面地收集
证据，防止他们在收集证据时出现徇私舞弊的行为，《最高人民法院关于
适用〈中华人民共和国民事诉讼法〉若干问题的意见》（以下简称《民诉
意见》）第70条规定："人民法院调查收集证据，应当有两人以上共同进
行。调查材料要由调查人、被调查人、记录人签名或盖章。"经过多年的
司法改革，我国已确立了由当事人举证为主的证据发现制度，但由于人民
法院仍保有一定范围内的依职权取证权和依当事人申请调查取证的权力，
故上述规定仍然适用于现阶段的法院取证。仅有一人调查、收集，该调查
材料就应当视作不合法而予以排除。

4. 证据转化合法

这是指证据必须经过法律规定的质证程序才可能成为认定案件事实的
根据。《民事诉讼法》第66条规定："证据应当在法庭上出示，并由当事
人互相质证。"未经庭审质证的证据，不能作为定案的根据[1]。这些规定
使得质证成为法院采信证据的必要步骤，也表明未经质证，无论是当事人
提供的证据材料，还是法院调查收集的证据材料，都应当从证据中排除。

证据应当具有合法性的要求可以帮助当事人和代理人采用正确的方法
收集符合法律规定的证据，避免他们在收集证据时劳而无功，也为法官判
断、取舍证据提供了相对统一的规则。但对证据合法性的要求并不能简单
地等同于英美法系的证据可采性规则和非法证据排除规则。可采性规则比
合法性的范围广范，而非法证据排除规则中的"非法证据"一般仅指用非

---

[1]　《最高人民法院关于民事诉讼证据的若干规定》第47条重申了这些规定。

法手段收集的证据。

（四）证据特征间的关系

证据的三个特征在存在的领域和层次以及时间上并不是相同的或者呈同步状态的，而是有先后顺序的。在观念上或者实际时间上，证据的客观性最先产生，是没有主观性的自在之物，它处在事实领域。证据的关联性其次产生，它是经过人的主观性判断后才产生的，它处在逻辑的领域。证据的合法性是在证据的客观性和证据关联性的基础上产生的，是法律调整后的产物，它处在法律的领域。具有合法性的证据，包容了证据的客观性和关联性，处在了证据的最高层次，因而它是能够直接和实体法相挂钩的证据概念。证据的客观性是基础和内容，是证据的最本质特征和根本属性。这是一个对证据定性的概念。没有证据的客观性，证据根本就不可能产生，证据的关联性和合法性也无产生的可能与必要。证据的关联性为证据的客观性划定范围，是一个对证据定量的概念。事物的性质是事物所固有的，因而可以说它是本质特征或本质属性，而事物的量是外在于事物自身的概念，是人的主观性给它科加的属性，这个属性是可增可减的，具有随意性，因而不可以说它是一个本质属性。如果说它是一个属性，那它也是一个主观属性。所以，关联性是证据的一个外在属性或主观属性。合法性则是在证据具有客观性和关联性的基础上，又增添的一个主观属性。这个属性又在关联性的基础上进一步缩小了证据客观性的外延范围。证据的范围越来越小了。但是，证据的法律价值却越来越大了。这两者之间相映成趣。如果说在证据的客观性层面，证据的价值因尚未纳入人们的主观意识范围而为零的话，那么，证据的关联性则因其主观性而赋予了证据客观性以证据的价值。证据的合法性是对证据关联性的进一步强化，证据的证明价值也随之增加。所以，符合证据"三性"的证据，是真正意义上的证据，也是证明力最强的证据。综上所述，如果我们要说证据的本质属性，则应当说它的客观性；如果我们要说证据的属性或构成要件，那么，证据的客观性、关联性和合法性则是构成一个证据的充分条件。这三个条件缺一不可，必须同时具备[1]。

---

[1] 参见汤维建："关于证据属性的若干思考和讨论——以证据的客观性为中心"，载《政法论坛》2000年第6期。

**本章思考题**

1. 为什么说证据是诉讼的基础和核心?
2. 证据的基本特征有哪些?
3. 何为证据? 何为证据能力?

第二章

# 第三章
## 证据的分类和种类

**导语：** 证据在其内涵和属性上尽管都是一致的，都是对案件事实的客观反映，但是由于案件的情况千差万别，反映案件事实的形式也各不相同，因此形成了具有多种表现形式和各自特点的诉讼证据。为了揭示各类证据的不同特点，指导法官正确审查、运用各类证据，在立法上将证据分为了七种：即书证、物证、视听资料、证人证言、当事人陈述、鉴定结论和勘验笔录，并且在理论上按照不同的标准对证据进行了分类。研究证据法分类与种类，有助于把握不同证据的特点，便于审判人员科学地运用证据查明案件的事实。

### 一、证据的分类

证据的分类，是指证据在学理上的分类，即在理论上将证据按照不同的标准划分为不同的类别。目的在于研究不同类别证据的特点及其运用规律，以便提高审判人员在司法实践中科学地运用证据查明事实真相的能力。

证据的分类与证据种类的区别：①证据的种类也是对证据的一种分类，是立法者根据我国科学技术的发展水平以及证据的存在和表现形式对证据所作法律上的划分，因而证据的种类是法定的；而证据的分类并非法律的规定，而是从理论上对证据进行的分类研究。②法律规定的证据的种类具有法律上的效力，不具备法定表现形式的证据不得作为定案的根据；而证据的分类仅仅是学理上的解释。③证据的种类的区分标准是单一的；而证据的分类则是从多角度按照不同的标准，以两分法对证据进行分类研究。因此，证据的分类与法律上的证据的种类区别是明显的。同时两种划分又是交叉的，同是一种证据，由于分类的标准和角度不同，其类属也不完全相同。

证据在理论上通常分为以下三类：

（一）本证和反证

根据证据与当事人主张的事实之间的关系，将证据可以分为本证和反证。

在诉讼中，凡是能够证明一方当事人主张的事实真实存在的证据，即为本证。本证是一种肯定性的证据，它能够使一方当事人所主张的事实的真实性和可靠性得到加强，从而对审判人员确认该事实产生积极的影响。在诉讼过程中，无论是原告用来证明自己诉讼请求成立的证据，还是被告用来证明抗辩事实成立的证据，均属于本证。

在诉讼中，凡是能够证明当事人一方主张的事实不存在的证据，即为反证。反证是一种否定性的证据，它被一方当事人用来否定或推翻对方当事人所主张的事实，从而使审判人员确信该事实不能被认定。

例如，在借款纠纷案中，原告为了证明被告借款未还的事实，而向法庭提交的借据，属于本证；被告提出该借据系原告伪造的，为此而提出的证据（如鉴定结论），则属于反证。又如，在离婚诉讼中，原告为证明其主张的房屋是婚后购买的共同财产，而向法庭提交了证人证言，该证据为本证；而被告则向法庭出示了婚前购买房屋的合同书及购房发票，该证据为反证。

区分本证和反证的目的，是为了明确双方当事人在诉讼中各自应负的举证责任，使审判人员能够全面地、客观地查明案件的事实真相，从而维护当事人的合法权益，实现法律的公平正义。

（二）直接证据和间接证据

根据证据与待证事实之间的联系，将证据可以分为直接证据和间接证据。

直接证据，是指能够直接、单独地证明待证事实的证据。直接证据因与待证事实之间存在着直接的内在联系，所以能够据此直接得出待证事实存在与否的结论。

间接证据，是指不能直接、单独地证明待证事实，但与其他证据结合起来才能证明待证事实的证据。间接证据通常只能证明案件的片断情况，只有将若干间接证据综合起来，才能证明案件的主要待证事实。

例如，当事人之间订立的书面合同，可以直接证明合同关系是否成立，该合同书为直接证据；又如，甲、乙二人在婚姻登记机关领取的结婚证，能够直接证明二人的婚姻关系成立。在民事诉讼中，当事人对争议事实的陈述、证人对自己耳闻目睹事实的证言、记载争议事实的书证，都是直接证据；间接证据主要表现为：物证、鉴定结论和勘验笔录等。

直接证据最突出的特点，就是能够直接、单独地证明案件的主要事实而无须借助于其他证据，因此其证明力比间接证据要强。直接证据的这一特点使得它运用起来较为简便，经过查证属实后就可以对案件事实加以认定，从而使证明过程变得简单和容易，在司法实践中应尽量收集和提交直接证据。

间接证据虽然不能直接、单独地证明案件事实，但其重要性不容忽视。在司法实践中，间接证据的证明作用主要表现为：①间接证据往往内含着寻找直接证据的线索；②间接证据可以用来鉴别、印证直接证据，强化、弱化或否认直接证据的效力；③在缺乏直接证据的情况下，按照一定规则运用多个间接证据，形成有效的证据链，也可以定案。

在审判实践中，运用间接证据认定案件的主要事实，应当注意以下几点：①间接证据与案件事实有内在的联系，且各间接证据本身必须真实可靠；②间接证据必须协调一致，不能相互矛盾；③间接证据之间相互联系，能够形成完整的证据链，确凿无疑地推断出案件的主要事实，其结论是肯定的、唯一的，并具有排他性。

（三）原始证据和派生证据

根据证据的来源不同，可以将证据分为原始证据与派生证据。

原始证据，是指直接来源于案件事实的证据，即原始的事实。它属于与案件有关的第一手事实材料。例如，当事人之间订立的合同书；耳闻目睹案件事实的证人证言；立遗嘱人的亲笔遗嘱；当事人对案件事实的陈述；以及物证、视听资料、勘验笔录等。

派生证据，又称传来证据，是指从原始证据中衍生出来的证据，是经过复制、转述、传抄等中间环节而形成的证据。它属于与案件有关的第二手事实材料。例如，合同书复印件或抄本；物证的复制品；证人转述他人所见到案件事实等。

原始证据与派生证据相比，由于其直接来源于案件事实，具有较高的可靠性和较强的证明力；派生证据因其并非直接来源于案件事实，而是经过了一定的中间环节，是由原始证据复制、转述、传抄形成的，在此过程中可能与原始证据形成一定的偏差，其可靠性和证明力程度均不及原始证据。

在实践中，区分原始证据和派生证据的意义在于：①确立原始证据的证明力高于派生证据的证据规则，使收集、提供证据的人，尽可能收集和提供原始证据。②注重发挥派生证据的作用。如果原始证据难以取得，应尽量收集最接近原始证据的派生证据。派生证据经查证属实，必要时也可作为定案的根据。

## 二、证据的种类

证据的种类，即证据在立法上的分类，是根据证据的表现形式所作的分类。根据《民事诉讼法》的规定，将证据分为七种，即书证、物证、视听资料、证人证言、当事人陈述、鉴定结论与勘验笔录。

证据种类的提法是我国特有的，西方国家一般将证据的种类称为证明方法或证明方式，我国台湾地区则称为证据方法。

对证据进行种类划分，其价值表现为：

第一，有利于司法上的认证。在具体案件中，证据材料往往纷繁复杂，通过对证据材料进行种类划分，有利于对各类证据的认知。

第二，有利于当事人举证。在诉讼活动中，设置合理的证据种类划分体系是确保当事人举证的前提条件之一。证据种类及其规则越明确越有利于当事人举证。因为区分证据材料的真实性、关联性、合法性需要证据形成自成体系的归类方法。这种归类的效果不仅使相同种类的证据材料具有共同的本质属性，运用起来简便易行，而且使不同种类的证据材料之间的区分一目了然，更有利于当事人全面而系统地提出证据。

第三，有利于节约诉讼成本。完善的证据种类划分体系，在处理不符合法定证据形式的证据方面也可发挥重要作用，以避免因证据种类之间的交叉所带来的认识上的错误，并尽量避免出现新的证据而使案件重审，从而减轻当事人的讼累，节约诉讼成本，提高诉讼效益。

第
三
章

第四，是架构我国诉讼模式的基础。当前，我国诉讼模式转变的趋势是由职权主义向当事人主义过渡。职权主义是指法院在诉讼程序中享有主导权，具体是指民事诉讼程序的进行以及诉讼资料、证据的收集等权能由法院担当。职权主义可分为职权进行主义和职权探知主义两方面。当事人主义是英美法系国家用以解决民事纠纷的基本原则，是指在民事纠纷的解决中，诉讼请求的确定、诉讼资料、证据的收集和证明主要由当事人负责。我国现行的诉讼模式还无法确切归类，但从立法等迹象来看，未来的立法趋势无疑会倾向于当事人主义。而证据是当事人主义模式的核心内容，证据开示制度、举证责任制度、自由心证制度与认证制度无不是围绕着证据制度展开的。因此，证据种类划分作为证据制度的理论基础，无疑是完善其它立法的关键，也是构建我国诉讼模式的基础。[1]

我国民事诉讼法将证据划分为七种，证据的种类不同，其表现形式及证明力均不相同。

（一）书证

1. 书证的概念及特征

书证是指以文字、符号、图形等形式所记载的内容或表达的思想来证明案件事实的证据。如各种书面文件或纸面文字材料，如合同文本、各种信函、电报、传真、图纸、图表、文件等。但书证内容的物质载体并不限于纸面材料，非纸类的物质亦可成为载体，如，木、竹、石、金属等等均不限。书证不仅是因它的外观呈书面形式，更重要的是它记载或表达的内容能够证明案件的事实。

书证是民事诉讼中广泛运用的一种证据。因此，它在民事诉讼中起着非常重要的作用。当事人及其代理人及人民法院在诉讼中也都比较重视收集、提供和调查能够证明案件真实情况的各种书证。

书证具有以下特征：①书证以其表达的思想内容证明案件的事实，而不是以其外形、质量等来证明案件的事实，因此书证不是一般的物品；②书证所记载的内容有较强的客观性和真实性，往往能够直接证明案件的主要事实，并且一般不易被篡改；③书证是固定在一定物体上的思想或行

---

〔1〕　参见周亦峰、李小涛："论诉讼证据种类的划分"，载《河南公安高等专科学校学报》2007年第6期。

为内容，可见书证是有载体的。

2. 书证的分类

在民事诉讼中，书证的种类繁多，数量庞大，而不同的书证往往具有不同的证明效力。为了更好地认识和运用书证，理论上可以从不同的角度按照不同的标准对书证加以分类：

（1）公文书证和私文书证。根据书证的制作主体不同，可以将书证划分为公文书证和私文书证。公文书证，通常是指国家公务人员在其职权范围内依照一定的程序和格式制作的各类文书。如人民法院制作的判决书、调解书，婚姻登记机关制作的结婚证书、离婚证书等等。在我国企事业单位、社会团体在其权限范围内制作的文书也被称为公文书。如单位制作的文件、信函等。私文书证，是指公民个人制作的文书。如个人的信件、借据、单据、电报、传真等。

区分公文书证和私文书证的意义，主要在于判断各自真实性的方式上有所不同。对公文书真实性的判断，侧重于看该文书是否系有关单位及其公职人员在其职权范围内制作的。而对私文书则主要看文书是否由制作人本人签名或盖章。质疑公文书的真实性时，可采用向制作单位调查询问的方式加以核实。质疑私文书时，则需要通过核对笔迹、印章以及其他文书鉴定方法加以核实。理论上，提出公文书作为书证的人无需对该公文书的真实性加以证明。而提出私文书的人则应当对该私文书的真实性加以证明，对方无疑义的除外。

（2）处分性书证与报道性书证。处分性书证，是指记载以设立、变更或终止一定民事法律关系为目的的文书，如合同文本、变更合同的协议书、遗嘱、授权委托书等。报道性书证，是指仅记载某事实，而无产生一定民事法律关系目的的文书。如记载有能够反映案件事实的信件、日记等。有关联的处分性书证，能够直接证明有争议的民事权利义务关系，因而通常具有较强的证明力。有关联的报道性书证，虽然对案件事实有一定的证明作用，但其证明通常具有间接性。

（3）普通书证与特别书证。普通书证，是在制作方式和程序方面没有特别的要求，仅仅记载某些事实的文书。如信件、日记、借据、收条等。特别书证，是指按照法律规定必须按照特定形式或程序制作的文书。如土地使用权证、房产证、经公证证明的合同文书等。由于特别文书的制作具有一定要求，文书记载的内容比较完善，真实性程度更高，因此具有更强的证明力。

（4）按书证的制作方式不同，可以将书证分为原本、正本、副本、缮本、影本、节录本、译本、认证本。原本是指由文书制作人最初制作的原始文书。正本是指照原本全文抄录、印刷并对外具有与原本同一效力的文件。副本是指该文书的全部内容照原本制作，对外具有与原本同样效力的文书。缮本是指抄缮原本全部内容的文书。影本是指影印原本全部内容的文书。缮本和影印本都不具有与原本同等的效力。节录本是指摘录原本部分内容的文书。译本是指将外文的原本翻译为我国文字的文书。认证本是指通过认证程序对其真实性加以证明的文书。

对书证作上述分类，有助于当事人和法院准确把握各种书证的特点及效力，更加有利于当事人举证和人民法院对书证的审查核实和判断。

3. 书证的提出

当书证为提出证据的一方当事人持有时，持有该书证的当事人可直接将其提交给法院，但如果该书证为对方当事人或第三人持有时，在我国的诉讼实践中，允许当事人向法院提出申请，将该书证作为当事人因客观原因不能收集的证据，由法院根据当事人的申请予以收集。另外，有证据证明该书证确实为对方当事人持有，而该当事人又拒不提供的，根据《证据规定》第 75 条的规定，如果对方当事人主张该证据的内容不利于证据持有人，可以推定该主张成立。

4. 书证的证据力[1]

书证要具有证据力，必须满足两个基本条件：其一，书证是真实的；其二，书证所反映的内容对待证事实能起到证明的作用。据此，根据这两个方面的要求，可以把书证的证据力分为形式上证据力和实质上的证据力。

书证形式上的证据力，是指该书证中所表达的意思或思想确系该文书制作人所为。是否具有形式上的证据力涉及书证的真伪问题。所谓实质上

---

[1]　就是要求书证具备法律规定的真实要件和合法形式，只有符合书证条件的证据，才能具有书证证据力。证据材料经过查证属实，程序合法，即可以作为定案根据的证据，它就具有了证据力。

第
三
章

的证据力，是指该书证的内容有证明待证事实真伪的作用。书证要有实质上的证据力，首先必须具有形式上的证据力，没有形式上的证据力，不可能存在实质上的证据力，而仅有形式上的证据力未必一定有实质上的证据力。

5. 书证亟待完善的问题

我国现行民事诉讼法对书证的类型、书证的调查收集方法、书证的审核与判断、不同书证的证明力等一系列问题均未作出规定。对此学者从不同方面对完善我国书证调查收集及审核判断程序提出了建议。[1]

（1）鉴于我国现行民事诉讼法缺乏有关文书持有人负有文书提出义务内容的规定，应借鉴两大法系有关文书提出义务制度的规定，建立我国文书提出义务制度。

从两大法系有关文书提出义务制度的主要内容看，英美法系的书证强制开示制度以及大陆法系的文书提出令制度对我国文书提出义务制度的建立均有一定的借鉴意义。具体由实体法和程序法共同规定当事人及第三人负有文书提出义务的条件、范围以及文书提出命令的申请及审查方式的运作程序、违反文书提出义务的法律后果等内容，为当事人收集证据提供充分的程序保障。同时完善我国的审前证据交换程序，确保诉讼公正。

（2）鉴于我国有关书证复制件证据效力的现行立法原则不明确，应完善我国有关书证复制件的适用规定。具体可借鉴大陆法系的基本原则，即坚持对书证复制件严格限制的态度，同时积极吸收英美法系判断、取舍书证复制件证据效力的具体规则和便于实务操作的立法技术。

关于完善书证复制件的效力确认问题，学者建议：①对提供原件确有困难的情形作法定限制；②对不能提供原件的文书区分公文书和私文书，如数公文书的，仅需提供公文书制作单位出具的证明文件即可认定其复制件的效力；③对不能提供原件的数据电文作例外性规定，即对于数据电文可以不提供原件而仅需提供发送数据电文的记录；④确认虽无法提供原件但有其他证据相互印证的书证复制件的证据效力。

（3）关于外文书证的证明问题，应根据外文书证或外文说明资料的来

---

〔1〕 参见最高人民检察院法律政策研究室编著：《民事诉讼法修改研究综述》，吉林人民出版社2006年版，第71～72页。

源不同进行处理。从域外提供的，除了要求履行《证据规定》第 11 条规定的认证手续外，对其译本，可以考虑通过由中国驻外使、领馆官员认证的方式解决；在国外收集和提供的，对译本的准确性由权威翻译机构确认。

（二）物证

1. 物证的概念及特点

物证的概念是关于物证立法的基础理论问题，解决这一问题有利于在实践中更好地收集和采信物证。我国法学界对物证的定义，主要有以下几种：①物证是指据以查明案件真实情况的一切物品和痕迹；②物证，就是对当事人之间有证明作用的物品；③证据物，简称物证，证据的物质形态，指诉讼中作为证据使用的物品或痕迹；④物证是指与案件或其它待证事实有联系的一切物；⑤物证是以物品的存在、外形、质量、规格、特征等证明民事案件事实的证据；⑥物证指能够以其存在形式、外部特征、内在属性证明案件真实情况或其他待证事实的实体物和痕迹；⑦物证是指以其形状、质量、规格、受损坏程度等来证明案件事实的物品；⑧物证是以其客观存在或与外界的客观联系来证明与案件相关的一切事实的物质和痕迹。[1]

上述有关物证的种种表述，并无本质区别，都认为物证是一种证明案件事实的物品。因此，所谓的物证，就是指对当事人之间的争议能起到证明作用的物品，且该物品以其存在的形状、质量、重量、规格等特征来证明案件的真实情况。在民事诉讼中，物证是常见的一种证据，如所有权发生争议的物品、引起合同争议的标的物、侵权纠纷中受到损坏的物品等等。

物证具有以下特点：①物证以物品自身存在的品质来证明案件的真实情况，因此具有真实性、可靠性；只要物品不是伪造的，就不会受到人们主观因素的影响，所以有较强的证明力。②物证具有独立性。在某些案件中，物证能够独立证明案件的真实情况，而不需要其他证据辅佐证明。③物证具有不可替代性。物证作为客观存在的具体的物品或痕迹，有其自

---

[1] 参见最高人民检察院法律政策研究室编著：《民事诉讼法修改研究综述》，吉林人民出版社2006 年版，第 73 页。

身的特性，一般情况下，它是不可能用其他物品替代的，所以有法律规定，"物证必须提交原物"。特殊情况下才可以提交复制品或照片。

2. 物证与书证的联系和区别

物证和书证既有密切的联系，又有明显的区别。在某些情况下，同一物品根据其与案件事实的联系情况和具体的待证事实，可以分别作为物证和书证。例如借款纠纷中，原告起诉被告返还借款，其提交的借据作为书证；被告则认为该借据系原告伪造，此时该借据便成为物证。在某些场合下，同一物品同时兼具物证和书证的双重属性。例如，在购销合同纠纷中，对合同标的物的产品质量发生争议时，既可以用该产品的说明书记载的性能作为书证，来证明产品存在质量问题，也可以根据该产品的内在质量和实际性能，来证明产品不符合质量要求。

尽管物证和书证的实体形态都表现为物，但二者之间存在着明显的区别：①书证是记载有一定思想内容的物，它以文字、符号、图形所记载的内容和表达的思想来证明案件的事实；而物证则不同，它是通过物品的外部特征和内在质量来证明案件的真实情况的；②法律对某些书证有特殊的要求，即对于法律有特殊要求的书证，如果不具备法定的形式或不履行法定的手续，则不发生法律效力，在诉讼活动中则不具有证据力；但对于物证，法律无形式上的特殊要求。

（三）视听资料

1. 视听资料的概念及特点

视听资料，是指利用录像、录音等技术反映的图像、音响，或以电子计算机储存的资料和数据等来证明案件事实的证据。视听资料作为一种新的证据方法是现代科技发展的结果，随着电子产品日益普及化，在诉讼中人们也越来越多地使用视听资料。常见的视听资料一般包括录音录像资料、电脑储存的资料以及电视监视资料等。

视听资料与传统证据相比具有以下特点：①视听资料利用了现代科技手段储存音像和数据，具有易于保存的特点。②视听资料记录了当事人的民事活动，具有生动逼真的特点，比较直观地再现了案件当时发生的过程，能够有力地证明案件事实。但视听资料容易被人利用技术手段加以篡改。

2. 视听资料在诉讼中的运用

（1）视听资料由于易于通过技术手段加以篡改，因此，法院审判中就不能将存有疑点的视听资料作为认定案件的依据。存有疑点的视听资料，如有经过伪造、剪辑、拼接的迹象，模糊难以辨认的音像资料等。经过技术处理能够消除疑点的视听资料仍然可以作为认定案件事实的证据。

（2）视听资料必须是合法取得的，才具有证据效力。虽然证据都必须具有合法性，但由于视听资料的获得与其他形式的证据相比较，在其收集过程中常有侵害合法权利或违反法律的现象发生，因此更强调其合法性。《证据规定》也强调了视听资料的合法性。非法获得的视听资料，如使用法律、法规禁止的手段所获得的视听资料、以侵害他人隐私权的方式取得的视听资料等。

3. 视听资料与书证、物证的区别

视听资料是实物证据的一种，它既有书证的特点又有物证的特点，但与书证和物证有着明显的区别：

（1）视听资料与书证的区别。视听资料与书证的相同之处，在于它们都是以一定的思想内容来证明案件的事实。二者的区别是：视听资料是以音响、图像、数据等内容而不以文字、符号、图形所表达的内容来证明案件的事实；且视听资料是以动态而不是静态的方式来证明案件的事实，就此而言，视听资料与书证存在明显的区别。

（2）视听资料与物证的区别。视听资料与物证的区别是显而易见的。物证是以其外部特征来证明案件事实，而视听资料则是以其内容来发挥它的证明作用。

4. 学术界关于私采视听资料的证据效力

学术界关于私采视听资料的证据效力，主要有以下观点：[1]

（1）私采视听资料并不排除其诉讼可采性，但应当经过司法机关合法提取和审查鉴别，同时对私录资料的制作过程等情况，资料提供人应当提供证言并接受质证。

（2）单方录制视听资料不能直接作为定案的根据，但可作为一种证据来源进行使用。即对此证据来源先进行核实，再将合适材料作为定案的证据。这样既不违背证据的合法性原则，又不违背事实求是的司法原则。

--------

〔1〕　参见最高人民检察院法律政策研究室编著：《民事诉讼法修改研究综述》，吉林人民出版社2006年版，第74～75页。

（3）对于私采视听资料证据的排除，应以重大违法作为其实质性标准，并引入利益衡量的方法确定是否构成重大违法。在适当的情况下，可以对取证的合法性作相对宽松的解释，以拓展当事人收集证据的渠道，扩大合法证据的范围。但若该证据是以犯罪手段或方法获得的、以法律明令禁止的方法或手段取得的，或是以违背善良风俗的手段或方法取得的，均不能作为证据使用。

（4）对私采证据的合法性、有效性应限定在如下几方面：①从主体上，应限于偷拍、偷录人自己作为其中的一方与他人之间的民事行为或活动；②从内容上，应限于具有法律意义的民事行为或活动，但不涉及个人隐私权或他人商业机密，不得侵害他人的合法权益；③从方式上，应限于合法取证方式，即不得采取任何欺诈、威胁、利诱等恶意方式。

5. 学界关于电子证据的认识

随着计算机和网络技术的普及，电子商贸活动和其他许多基于网络的人际交往大量出现，电子文件已经成为传递信息、记录事实的重要载体。在这些方面一旦发生纠纷或案件，相关的电子文件就成为重要的证据。电子证据，是指能够证明案件相关事实的电子文件。

当这些电子文件在诉讼中作为证据使用时就是电子证据，例如在电子商务中的电子合同、电子提单、电子保险单、电子发票等；电子证据的证据形式还包括电子文章、电子邮件、光盘、网页、域名等。

在我国现行民事诉讼法中，对于证据的分类还没有电子证据这一类，因此，电子证据的证据形式，不应该阐述为电子文章、电子邮件、光盘、网页、域名等。而可以归类到当前的证据种类中。如：电子文章、电子邮件、手机短信记录等，往往是通过文字形式内容表现的，在出庭时这些证据也多是由其文字表述内容作为证据的，因此，书证是电子证据的证据形式之一；还有数码照片、视频资料等，往往在出庭时是以音像资料出现的，应属于视听资料的证据种类。而真正应该算做电子证据的，应该是电子数据。然而，电子证据是否应该算作独立的一种证据类型，还是现有的几大证据类型中，均包含有电子证据，现在在学术界，还是处于争议之中的。

关于电子数据应属于哪种证据形式，学界主要有以下几种意见：[1]

（1）电子数据因其自身独具的特点和在现实商事交易中所占的重要地位而有必要成为独立的证据类型。

（2）电子证据应归入视听资料范畴而成为一种间接证据，因为电子数据也是以电磁或其他形式储存在一定的介质上，也必须通过一定的手段将它们转化为其他能够为人们所直接感知的形式，才能作为证据使用。

（3）将电子数据划为书证更符合电子数据证据的特点和国际规范。因为首先，电子数据虽然有多种外在表现形式，但都无一例外地以其内容证明案件事实，符合书证的特征；其次，我国合同法已经将传统的书面合同形式扩大到数据电文形式，不管合同采取什么载体，只要可以有形地表现所载内容，即视为符合法律对"书面"的要求；最后，各国立法及判例通过扩大解释的途径，以"功能等价"的纽带，把电子数据划入书证的范畴。

（4）电子邮件打印件应作为书证看待，而以文件形式存在于电脑中的电子邮件应作为视听资料看待。

（5）应当根据电子证据的不同情形和证明机理进行区分，将它们具体地划分为电子物证、电子书证、电子视听资料、电子证人证言、电子当事人陈述、有关电子证据的鉴定结论和电子勘验笔录。

（四）证人证言

1. 证人证言的概念及其意义

证人，是指了解案件情况并受人民法院传唤出庭作证的人。证人向人民法院所作的能够证明案件情况的陈述，称为证人证言。作为证人不能指定、不能代替、不能选择。只有了解案件情况，又能正确表达意志的人，才能作为证人，所以证人证言具有不可代替性。实践中，证人会受到各种主客观因素的影响，这就使得证言真实性程度易受证人主观意识干扰，证言有可能是虚假的，因此，证言只有经过审查核实才能作为认定事实的证据。

从我国立法规定来看，证人证言一般是指证人直接感受到的与案件有

---

[1]　参见最高人民检察院法律政策研究室编著：《民事诉讼法修改研究综述》，吉林人民出版社2006年版，第83~84页。

关的客观事实和情况，不包括证人对这些事实作出的分析、评价。证人对案件事实的看法和意见，可否成为证据？英美法系与大陆法系国家对此的看法有很大差异。英国学者认为，一般是，证人只能就其直接感验的事实作证，而不得对不是其直接感验的事实陈述相信与否的看法。这便是排除意见证明方法的规则。该规则的理论根据是，从已证事实得出结论是法庭而非证人的职责。但是，证人在作证过程中，对事实的叙述和事实的判断往往混在一起，有时很难区分，有的问题证人只能作评论性回答。也因此，英美法系立法又规定了这一般规则的若干例外。如果意见在本质上是系争事实，便不排斥这种意见。另外，如果意见是作为某些独立事实的证明方法而提出的，便存在着许多可以采纳意见为证据而不考虑排斥意见的一般规则。特别需要指出的，英美法系国家的立法规定，法庭必须接受专家证人的意见。大陆法系国家虽然也要求证人根据自己所了解的事实提供证言，但允许证人根据其所体验的事实作一些必要分析、判断或推测。[1]

证人是具有感知、记忆和表达能力，知晓案件情况的人，能再现案件真相的全部或一部分。与物证、书证、鉴定结论等证据相比较，证人证言充分反映了人的能动性，是"活证据"。证人可以直接面对法官、当事人和其他诉讼参与人，接受询问和陈述自己所知晓的案件情况。因而对查明案件真相具有非常重要的价值。[2]具体地讲：①一个证人或若干证人，将其了解的案件发生的时间、地点、原因、造成的结果等，向法院提供证言，有利于司法人员全面地查清案情，为正确处理案件奠定坚实的基础。②证人证言有助于人民法院深入了解物证、书证等证据，核实其真伪和确定其证明力大小。

总之，证人证言常常是人民法院查明案情、分清是非，解决民事纠纷所不可缺少的一种证据。

2. 证人的条件、权利义务

《民事诉讼法》第 70 条规定："凡是知道案件情况的单位和个人，都有义务出庭作证。有关单位的负责人应当支持证人作证。证人确有困难不能出庭的，经人民法院许可，可以提交书面证言。"根据现行法律规定，

---

〔1〕 陈一云主编：《证据学》（第二版），中国人民大学出版社 2000 年版，第 322 页。
〔2〕 何文燕、廖永安：《民事诉讼理论与改革的探索》，中国检察出版社 2002 年版，第 271 页。

在民事诉讼中，证人应当具备以下条件：①证人主体包括两类：一类是单位证人，一类是作为自然人的证人。很多学者认为，民事诉讼法将单位规定为证人主体，有欠科学。单位不能成为证人主体，只有自然人才可以作为证人。首先，证人的本质特征是具有感知能力，并且凭借其感知能力知道案件情况的全部或一部分，单位作为一种法人或非法人机构，并不具有自然人所特有的感知、记忆和表达能力。根据民事诉讼法的规定，证人在开庭审理过程中应当接受有关人员的询问，而单位不能开口说话，又怎能接受询问？如果由该单位的负责人出庭接受询问，则该负责人就是证人，怎么可能成了单位？其次，根据我国刑法规定，伪证罪的主体只能是自然人而不能是单位。所以，我国民事诉讼法将单位作为证人主体规定不够科学。[1]②要想成为民事诉讼中的证人，必须知道案件情况，并且能够正确表达。证人证言作为一种证据，必须具备证据关联性特征，如果证人不了解案件有关情况，则失去了作证基本要求；审判必须要确认过去发生的事实，如果其不具备表达意志能力，则其证言必然难以令人置信。一般认为，正确表达意志的能力包括三项内容：准确感知记录和回忆有关事实印象的能力；理解有关问题并清楚表达的能力；对说实话义务及作伪证后果的识别能力。

根据有关规定以下几类人不能作为证人：①不能正确表达的人，不能作为证人。待证事实与其年龄、智力状况或者精神健康状况相适应的无民事行为能力人和限制民事行为能力人，可以作为证人。②诉讼代理人不能在一个案件中既做代理人又做证人，因为诉讼代理人与证人的地位是冲突的。③审判员、陪审员、书记员、鉴定人、翻译人员和参与民事诉讼的检察人员如果在自己参与的案件中作为证人就可能影响审判公正性，因此，这些人不能在本案中作为证人。

证人在诉讼中享有一定的权利和承担一定义务。证人享有权利主要有：有权用本民族语言文字提供证言，如果不通晓当地文字的，可要求法院为其指定翻译；证人为聋哑人的，可以其他方式作证；证人人身权不受侵犯，因作证而遭受侮辱、诽谤、殴打或者其他打击报复的，有权要求给予法律保护；证人享有物质补偿请求权，证人因出庭作证而支出的合理费

---

〔1〕 何文燕、廖永安：《民事诉讼理论与改革的探索》，中国检察出版社 2002 年版，第 290 页。

用，由提供证人一方当事人先行支付，由败诉一方当事人承担。"合理费用"应当包括证人因作证而发生的交通费、食宿费、误工费等费用。

证人应承担的主要义务有：证人有出庭作证的义务。因为如果证人不出庭作证，当事人就无法对其进行质询，不易判断证言的真实性。如果证人在法院组织对方当事人交换证据时出席陈述证言，可视为出庭作证。根据《民事诉讼法》和《证据规定》的规定，证人确有困难不能出庭的，经人民法院许可，可以提交书面证词或者视听资料或者通过视听传输技术手段作证。所谓"证人确有困难不能出庭"，主要是指以下情形：①年迈体弱或者行动不便无法出庭的；②特殊岗位确实无法离开的；③路途特别遥远，交通不便难以出庭的；④因自然灾害等不可抗力的原因无法出庭的。另外，证人还有向人民法院如实作证的义务，如有意作伪证，要负法律责任。

4. 证人证言的审查与判断

一般来讲，对证人证言进行审查判断，应当着重考察以下几个方面的问题：

（1）审查证人是否符合条件。即是否具有感知、记忆、表达能力，及其对陈述的影响。证人作证人必须具备相应的资格和能力。就其与案件事实的关系来讲，证人要对作证事项有过亲身的感知。证人如果在条件方面有所欠缺，且影响其所提供证言的可信性，则其证言的可采性就会受到影响。例如儿童、精神病患者等提供的证言，法官需要认真加以审查上述证人提供的证言是否符合情理和逻辑，并综合本案其他证据对其证言是否可信作出判断。

（2）审查证言的形成过程是否受到主客观条件的影响。在审查证人证言时应当查清证人是直接耳闻目睹案件事实过程的，还是别人对他讲述的。一般来说，证人所直接感受到的案件事实比其间接从他人之处得来的证言要真实。同时要注意，证人证言在形成过程中是否受到主客观条件的影响，例如其是否受到当事人或其亲属的胁迫和收买，故意作伪证，是否受到客观条件的影响，使证言存在失实的可能性。

（3）审查证人与当事人之间的关系。审判人员在对证人进行询问时，应当查明证人与当事人之间的关系。因为在证人与当事人之间如存在亲属、世交、有前嫌等关系的情况下，证言极易出现偏差，证人往往因与当事人存在利害关系对证言做夸大或缩小的叙述，以使证言更有利于或更不利于当事人。此时，审判人员就要对证人证言本身是否合理、是否有自相矛盾之处进行审查，同时应当注意到，在证人与当事人间存在利害关系时，证人证言的证明力要受到一定的影响。根据《证据规则》规定，与一方当事人或者其代理人有利害关系的证人出具的证言不能单独作为认定案件事实的依据。

（4）审查证人证言与其他证据之间的矛盾。即是否协调，是否符合情理和逻辑。在证人证言与其他证据资料之间存在矛盾或者不一致的地方，应当认真分析原因，查明证人提供的证言是否受到主客观因素影响。《证据规则》规定，物证、档案、鉴定结论、勘验笔录或者经过公证、登记的书证，其证明力一般大于证人证言。也就是说，物证、经过公证的书证具有更强的客观性，如果证人证言与其他查明事实的证据存在矛盾，则对证人证言不予采信。

（5）人民法院对证人证言的审查应当庭进行。人民法院对证言的审查应当是以当事人之间的质证为基础。质证是当事人双方就证据的真实性与证明力等问题以言辞形式当庭进行询问与应答。《证据规则》规定，证人应当出庭作证，接受当事人的质询。审判人员应当根据当事人对证人的质询，判断该证人提供的证言是否予以采信。必要时，审判人员也可以对证人进行询问，确定其证言的真实性，以决定是否予以采信。

5. 证人制度立法完善

最高人民法院于 2001 年 12 月 21 日颁布了《证据规定》，它借鉴了两大法系的关于证据方面的证据制度的内容，对我国民事证据立法进行了重要补充并加以具体规定。但在证人证言制度方面，仍有以下几个问题未得到解决，有待完善。

（1）关于证人的出庭作证问题。根据诉讼活动的公开原则、直接原则、言辞原则，证人证言一般应当当庭陈述，接受当事人双方的询问和质证，否则，证人证言就不应当具备应有的证明力。我国《民事诉讼法》第70 条规定："凡是知道案件情况的单位和个人，都有义务出庭作证。"但从司法实践的情况来看，证人出庭率偏低，这已经成为困扰审判方式改革的一个重大问题。以至于《民事诉讼法》第 70 条规定形同虚设。因此，《证据规则》第 55 条第 1 款规定："证人应当出庭作证，接受当事人的质询。"

但第 56 条仍为"证人确有困难不能出庭"的条款规定了"其他不能出庭的情况"的兜底条款。这就使证人出庭率偏低的状况不可能得到根本的改观。我国有些学者认为，证人出庭作证是法定的义务，拒不履行义务就应该承担相应的法律责任。我国证据规则应该明确规定证人必须以言词方式在法庭作证。对于无正当理由拒不出庭作证的证人，可适用罚款、拘传等强制措施。[1]

各国一般都规定了强制证人出庭作证的一系列措施。如法国新《民事诉讼法》第 207 条规定，对不出庭作证的证人，如有必要所取其证言的，得以传票传唤其到庭，费用由其自负；对不出庭作证的人以及无合法理由拒绝宣誓的人，得处 100 法郎以上 1 万法郎以下的罚款。再如根据日本《民事诉讼法》第 192、193 条规定，证人没有正当理由不出庭时，法庭得以裁定令其负担因此而引起的诉讼费用并处以 10 万日元以下罚款或者拘留。此外，法院还可以拘传没有正当理由不出庭的证人。[2]

借鉴其他国家立法规定，现行法应当增加对证人无正当理由不出庭作证的制裁措施，并可以根据情况对其处以罚款或拘留等。

（2）建立证人免证制度。证人免证权也称证人拒证权，是指证人具有法定情形时，有拒绝陈述的权利。出于司法传统和政策性的考虑，英美法系国家与大陆法系国家都有关于拒绝作证特权的规定，但这种特权并非是绝对的，证人也可放弃其特权，其证言仍可被采纳为证据，证人提供证言的义务，仍是证人本质义务。我国并无关于证人拒绝作证权的规定。根据我国《民事诉讼法》的规定，凡是了解案情的人都有作证的义务，可见，从价值选择的角度来讲，我国法律坚持查明案件事实高于知情人的私人利益。其他国家之所以规定证人的拒证权，以期确保发现真实与保障证人及其证言所涉及国家、社会与个人权利、利益两者的平衡。从某种意义上讲，这涉及利益之间的平衡问题。在保护知情人的私人利益与提供事实真相的冲突中，从现实要求出发，保护知情人的现实利益在一定程度上比查明案件真相更有价值。目前我国缺乏对证人拒证权的规定是将实体正义置于程序正义之上的传统诉讼观念的一种表现，强制规定与当事人有亲属关

---

〔1〕　何文燕、廖永安：《民事诉讼理论与改革的探索》，中国检察出版社 2002 年版，第 298 页。

〔2〕　宋朝武：《民事证据法学》，高等教育出版社 2003 年版，第 145 页。

系以及具有职务上保守秘密的人作证的义务，不符合情理，也不符合人道主义精神。因此，学者仍建议应当借鉴其他国家的立法，对证人免证权系统地加以规定。

（3）建立完整的证人权益保障制度。确保证人的人身权利和财产权利不受侵犯，一方面要防止证人受到案件当事人及其他人的侵害，另一方面要防止证人遭受司法机关的不当追诉。加强对证人的保护是国家司法机关的法定义务，其目的是防止他人使用暴力、恐吓等非法手段阻止证人作证或者对证人作证后实施打击报复，以解除证人的"后顾之忧"，正确履行作证的义务。我国目前对证人保护方面的立法还很薄弱，对证人保护的范围过窄、手段过少，而且又限于事后救济，因而亟待完善。首先，应该建立证人作证前的保护机制，也就是说要采取预防性措施，以减少证人遭受打击报复的可能性，如庭审前对证人的身份、住址保密，司法机关加强对证人及其近亲属的保护。其次，证人作证后，也要采取消除其受到威胁恐吓、打击报复可能的保护措施，对于证人由于出庭作证而遭受到的财产损失，如果侵害人财产不足以赔偿的，应该由国家给予补偿。

（五）当事人陈述

1. 当事人陈述概念及其意义

当事人陈述，是指当事人在诉讼中就自己所知道的案件事实情况向人民法院所作的陈述。当事人在诉讼中向法院所作的陈述中涉及多方面的内容如关于诉讼请求的陈述、关于诉讼请求根据的陈述、反驳诉讼请求的陈述、反驳对方证据的陈述、关于其他程序事项的陈述等。当事人陈述作为法定的证据种类之一，具有以下几个特征：①当事人陈述具有真实性。当事人是民事法律关系的参加者，对民事纠纷的发生、变更、消灭了解的最清楚，所作的陈述可能是真实的，是能够作为证据使用的。②当事人陈述有可能是虚假的。由于民事诉讼当事人与案件处理结果有直接的利害关系，因而所作的陈述，有可能对自己有利的事实尽量夸大，对不利于自己事实尽量缩小，甚至歪曲事实、虚构情节，因而当事人所作的陈述有可能具有虚假性，所以对当事人陈述既要重视其真实性的一面，又不能忽视它的虚假性。

当事人是与案件有利害关系的人，一般来说，当事人作为发生争执的民事法律关系的主体，对案件事实有着最直接、全面、具体的了解，他们对有关案件事实的客观陈述有利于审判人员查明案件事实，为审判人员准确认定案件事实，正确适用法律解决纠纷奠定基础。这是其他证据形式所不可比拟的，但由于诉讼结果与当事人的自身利益休戚相关，所以当事人陈述中或多或少的会掺杂虚假的陈述，此时，当事人陈述证明力就很低，审判人员需借助其他的证据资料和证明方法对案件事实作出判定。

2. 当事人陈述的证明力

根据《民事诉讼法》第63条规定，当事人陈述是一种独立证据形式。鉴于当事人陈述不同于其他证据的特点，法院在认定当事人陈述的证明力时往往还需要借助其他证据来证明当事人陈述本身的真实性。根据民事诉讼法的规定，人民法院对当事人的陈述，应当结合本案的其他证据审判确定能否作为认定事实的根据。当事人拒绝陈述的，不影响人民法院根据证据认定案件事实。《证据规则》第76条规定，当事人对自己的主张，只有本人陈述而不能提出其他相关证据的，主张不能成立。但是对方当事人认可除外。由于当事人陈述的证明作用需要借助其他证据，因此当事人陈述的证明力就要弱得多。

关于当事人陈述的证据效力问题，学界还有不同观点。有学者认为，当事人陈述作为证据的一种，与其他证据种类相比有其特殊性，原因在于当事人在民事诉讼过程中实际上处于两种地位。当事人首先作为诉讼主体，向法院提出诉讼请求和提供支持其请求的事实和法律两方面的理由，对诉讼过程的前进起着推动作用。而且，当事人陈述作为民事诉讼证据的种类之一，可以与其他证据相互印证配合，以证明案件事实，因此当事人必须接受法官的询问并如实陈述其所知的事实。在这个意义上，当事人的地位其实相当于广义上的证人，法官将其所作的陈述作为证据，而当事人也负有与证人一样当庭作证，宣誓具结的义务。前者学说上称为当事人听取制度，后者称为当事人询问制度。虽然在这两种制度下当事人的陈述都可以作为判断事实的诉讼资料，但两者在性质上有着较大差异。[1]从两大法系的立法规定来看，当事人陈述在英美法系和大陆法系上具有不同的证据效力。在英美法系国家中，把当事人本人作为最重要的证人，以交叉询

---

[1]　齐树洁，王晖晖："当事人陈述制度若干问题新探"，载《河南政法干部管理学院学报》2002年第2期。

问的方式运用这项证据方法。但这也经历了一个演变的过程，如美国在19世纪中叶以前，普通法法院审理案件的出发点是对诉讼参加人有关案件事实的陈述采取绝对不信任原则，因而对当事人的陈述并不重视。现代的美国法学家则改变了这种陈旧的看法，认为对当事人既可以当庭询问，也应将他们的陈述与证人证言同等看待，否则就是失去了知情的材料提供人。虽然他们也考虑到原告和被告的关系可能要影响到他们陈述内容真实性，但在当事人无正当理由不出庭答复询问时，即可以构成对他作出不利判决的根据。在英国，任何一方当事人都可以通过起诉状、答辩状或者其他书面形式承认对方当事人主张的全部或部分事实，如果被告承认了所有事实，那么在审理中，原告即可以在法庭的许可下把被告的承认作为证据。

而在大陆法系的德国、日本等国，则确立当事人询问制度，承认当事人陈述具有证明事实的功能，并把它作为证明的手段。例如，日本新《民事诉讼法》第207条第1款规定："法院依据申请或依职权可以询问当事人本人，在此种情况下，可以使该当事人进行宣誓。"与日本法相比，德国的法律规定得更为详细具体，德国《民事诉讼法》第445条第1款以及第448条分别规定了法院依当事人的申请或依职权询问的规则："一方当事人，对于应该由他证明的事项，不能通过其他证据方法得到完全证明，或者未提出其他证据方法时，可以申请就应证明的事实询问对方当事人。""如果言辞辩论结果和已经进行的调查证据的结果，对于应证事实与否不能提供足够的心证时，法院也可以在当事人一方并未提出申请时，不问举证责任归属，而命令就该事实询问一方或双方。"可见，在德国法中，对当事人的询问是作为一种补充性的证据而存在的，只有其他证明方法用尽时才能使用，此时它可以与其他证明方法结合使用。[1]

（六）鉴定结论

1. 鉴定结论的概念及其特征

鉴定结论作为我国法定证据形式之一，是指鉴定人接受委托或聘请，运用自己的专门知识和技能，对案件中所涉及的某些专门性问题进行分析、判断后所作出的结论性意见，以补充法官判断能力并作为判断的参考。鉴定结论应当采用书面形式。在民事诉讼中，常常会出现文书是否伪

---

〔1〕 宋朝武：《民事证据法学》，高等教育出版社2003年版，第150页。

第三章

造、产品质量是否合格以及侵权一方对被侵害方造成损害程度等问题，需要根据上述问题确定民事责任的归属和责任的大小。而这些问题往往带有专业性的特征，仅凭一般人的知识和能力不足以作出判定。必须由具有专门知识的人运用专业知识，对其作出评价和判断性意见。作为司法证据的鉴定结论具有以下几个方面的特点：

（1）鉴定结论自身具有科学性。鉴定结论是鉴定人运用自己的专门知识对与案件事实有关的某些专门性问题进行分析、鉴别后所作出的结论。鉴定人是某一方面的专家或技术人员，对案件所涉及的相关问题具有分析判断能力，可以从专业的角度，运用仪器、设备和科学方法解决审判人员无法解决的技术难题；鉴定过程是科学研究的过程，鉴定结论具有科学性质，这也是鉴定结论与证人证言之间最根本区别。

（2）鉴定结论自身具有不确定性。鉴定结论是鉴定人对鉴定对象分析研究的基础上，对发现的现象及其所能说明的事实作出的判断。鉴定结论是主观性很强的证据形式，因此鉴定结论不可避免地带有鉴定人的个性化色彩。

（3）鉴定结论本身不是对法律的评价。鉴定结论的内容是鉴定人就案件中的专门问题所作的结论，这种结论只能就有关科学技术方面的问题作出判断，并不要求对案件事实作出法律评价。

2. 鉴定人的权利和义务

根据《民事诉讼法》第72条和《证据规则》第59条规定，在民事诉讼中鉴定人享有如下权利：有权了解进行鉴定所需要的案件材料；有权询问当事人和证人；有权请求给付必要的费用。鉴定人应承担的义务是：进行鉴定必须实事求是，鉴定结束后应提交鉴定意见书，并在鉴定意见书上签名或盖章；在法庭审查证据时，鉴定人应当出庭接受当事人质询。

3. 鉴定机构确定

（1）赋予当事人选定鉴定机构和鉴定人的权利。《证据规定》第26条规定："当事人申请鉴定经人民法院同意后，由双方当事人协商确定有鉴定资格的鉴定机构、鉴定人员，协商不成的，由人民法院指定。"《证据规定》第28条规定："一方当事人自行委托有关部门作出鉴定结论，另一方当事人有证据足以反驳并申请重新鉴定的，人民法院应予准许。"由当事人选定鉴定机构和鉴定人员，有利于充分保障当事人在诉讼中的权利，防止鉴定机构和鉴定人员在鉴定中偏袒一方，出具虚假的鉴定结论。

（2）赋予当事人对有缺陷鉴定结论的异议权。根据《证据规定》第27条规定，当事人对人民法院委托的鉴定部门作出的鉴定结论有异议申请重新鉴定，并提出证据证明存在有法律规定的缺陷的情形的，人民法院应予准许。对有缺陷的鉴定结论，可以通过补充鉴定、重新质证或者补充质证等方法解决的，不予重新鉴定。

（3）当事人可以申请专家辅助人参加诉讼。《证据规定》第61条第1款规定："当事人可以向人民法院申请由1~2名具有专门知识的人员出庭就案件的专门性问题进行说明。人民法院准许其申请的，有关费用由提出申请的当事人负担。"

4. 鉴定结论审查判断

对鉴定结论的审查应当包括以下几项内容：①鉴定机构必须具备相应的条件，鉴定人必须具备鉴定资格；②鉴定人是否由法律规定应当回避的情形；③鉴定所依据的材料是否充分和真实可靠；④鉴定结论是否有科学依据，论据是否充分，证据与结论是否有矛盾；⑤鉴定结论所依据的标准是否合法、妥当；⑥同案中的其他证据是否与鉴定结论存在矛盾；⑦鉴定结论应有鉴定机构的印章、鉴定人的署名及时间。

（七）勘验笔录

1. 勘验笔录的概念及其意义

在民事诉讼中，对于与案件有关的现场和物证，如造成财产损害的场所、所有权发生争议的客体物，或者承包买卖的标的物等，因体积庞大或固定于某处无法提交法庭，有关现场也无法移至法庭，为了获取这方面的证据，人民法院可以进行勘验以便在法庭再现现场真相。民事诉讼中的勘验笔录，是指法院为查明案件真实对有关现场和物品进行勘查检验所作的记录。[1]民事诉讼勘验笔录对于查清民事纠纷发生的原因和发展过程，判明受到损害的程度、后果，确定当事人之间的权利义务关系以及正确处理民事案件都具有重要作用。此外，通过勘验笔录，还可以判断勘验的过程是否合乎法定程序，因而在监督司法人员、审查判断证据的证明效力方面具有重要意义。

––––––––––

〔1〕　江伟主编：《民事诉讼法学》，中国人民大学出版社2004年版，第168页。

2. 勘验笔录证明力之特点

（1）勘验笔录是一种独立证据种类。我国《民事诉讼法》第 63 条把勘验笔录明确作为一种独立的证据种类加以规定。对于这个问题，台湾地区民事诉讼法学界有不同认识，有的学者认为"法院之勘验，为证据调查，而勘验标的物为证据方法。"就此否定勘验笔录作为独立的证据形式；有的学者则认为，法官作出的勘验行为以及其笔录与鉴定人的鉴定材料、证人证言等证据相类似，也是有其主观性的，其中包含了法官的"推论"。因此，也应当作为一种证据方法、证据形式。虽然其证明效力较高，但也必须经过审查才能使用。[1]后一种观点与我国民事诉讼法把勘验笔录作为一种独立证据种类相一致。

勘验笔录和书证不同：①两者产生的时间不同。勘验笔录是在案件发生后，诉讼进行过程中勘验人员对现场、物品勘验后所作的记录；书证则是在案件发生前因其能证明案件情况而提供的。②制作主体不同。勘验笔录是审判人员依法制作的一种诉讼文书，而书证是指国家公务人员、企事业单位在其权限范围内制作的文书，或者是指公民个人制作的文书。③审判人员制作勘验笔录有误或不明确时，可重新勘验，书证不能重新制作，也不能修改。

勘验笔录和鉴定结论也不同：勘验笔录是勘验人员对有关现场和物品进行勘验后所作的记录，不含勘验人员对现场情况的评断，目的在于对有关场所、物品、人身等有个清晰的认识，也有助于收集和保存有关证据材料，不具有分析判断的性质。而鉴定结论则是鉴定人运用专门知识和技能对鉴定对象进行检验和分析后所作的判断，并以这种判断的结果来证明案件事实，鉴定结论包括了鉴定人对案件事实作出的结论性评断。

（2）勘验笔录具有较强的客观性和准确性的证明力。《证据规定》第 77 条第 2 项规定："物证、档案、鉴定结论、勘验笔录或者经过公证、登记的书证，其证明力一般大于其他书证、视听资料和证人证言。"之所以这么规定，是因为勘验笔录是勘验人员对现场和某项物品的直接观察和反映，把现场和某些物品中所有的情况确定下来，是现场和物证的重新再现，使未参加勘验的人对现场和物证有一个正确的认识。所以，勘验笔录

---

〔1〕　转引自宋朝武：《民事证据法学》，高等教育出版社 2003 年版，第 171 页。

的真实可靠性较大，具有较强的客观性和准确性。

3．勘验笔录的内容和制作

《民事诉讼法》第 73 条规定："勘验物证或者现场，勘验人必须出示人民法院的证件，并邀请当地基层组织或者当事人所在单位派人参加。当事人或者当事人的成年家属应当到场，拒不到场的，不影响勘验的进行。""勘验人应当将勘验情况和结果制作笔录，由勘验人、当事人和被邀参加人签名或者盖章。"为了保证勘验笔录的真实及其证明力，勘验笔录的制作必须依照法定程序进行。

（1）勘验笔录应由审判人员主持制作。勘验可由当事人申请进行，也可由人民法院依职权进行。在司法实践中，勘验笔录一般是由负责勘验的审判人员指定专人制作，如具有专门知识或从事专门工作的人员，但是应当明确的是，这些情况都应在勘验笔录中得到反映，而且制作过程与勘验同步进行。

（2）勘验物证或现场应邀请见证人见证，通知当事人或者其他成年家属到场。勘验物证和现场时，勘验人员必须出示人民法院的证件，邀请当地基层组织或有关单位派人参加。当事人或者他的成年家属应到场，拒不到场，不影响勘验进行。

（3）勘验笔录应由勘验人签字或者盖章。为了保证勘验笔录的客观、准确和可靠，勘验笔录应有勘验人及勘验活动的其他参加人签字盖章。当事人未到场的，应该有当事人未到场的原因的说明。

（4）勘验笔录的内容全面、客观、准确。人民法院勘验物证或者现场，应当记录勘验的时间、地点、勘验人、在场人、勘验经过、结果，由勘验人、在场人签名或者盖章。对于绘制的现场图应当注明绘制的时间、方位、测绘人姓名、身份等内容。

4．勘验笔录的审查判断

勘验笔录是调查人员等所做的具有保全其他证据材料性质的记录，对其审查判断，应注意以下几点：

（1）勘验及其笔录的制作是否依法进行。为了确保勘验笔录的证据效力，勘验及其笔录制作必须严格按照法定程序进行，比如当场制作，不得事后补制；要有勘验人员、见证人的亲笔签名等。勘验及其笔录制作的形式是否规范、程序是否合法，直接影响到勘验笔录证明力。

（2）勘验及制作的笔录是否全面、准确。勘验笔录的内容只有客观、全面、详细、准确、规范才能作为恢复现场原状或者核查现场情况的依据。

另外对勘验笔录进行审查的时候，不能孤立进行，可以运用证人证言、鉴定结论等能与笔录证明同一事实的其他证据进行比对审查，也可综合全案的所有证据进行综合审查判断，看是否能相互印证和吻合、能否相互协调一致。

**思考题**

1. 书证和物证的区别有哪些？
2. 视听资料证明力的特征有哪些？
3. 证人证言的证明力如何确定？

# 第四章

## 证据规则

**导语：** 证据规则是指确认证据的范围、调整和约束证明行为的法律规范的总称，是证据法的集中体现。[1] 证据规则是一种运用证据推求已经发生之事实的回溯性认识活动的基石。对诉讼主体的证明活动而言，证据规则的存在至少有两个作用：一是在诉讼活动中规范诉讼各方的取证和举证行为，从而创设各种主体角色在诉讼过程中相互之间的关系；二是在根据证据认定事实时决定证据的适格性，限制对证据的自由取舍。[2] 研究并确立证据规则，有助于树立正确的诉讼理念，规范执法行为，对执法机关及其工作人员进行有效的监督，促进审判方式的改革，有利地保护公民的合法权益。

证据规则具有明显的程序性，属具体的操作规程，但由于我国民事诉讼法规关于证据规则的规定过于粗疏，造成法院查证范围过宽、期限过长、效率低下，使当事人之间的矛盾转移成为当事人与法官的争执，形成了一种证据是否采信是法官说了算的错误认识。所以，设置规范的证据规则，对提高审判的透度明，增强社会公众对司法公正的信心大有益处。

---

[1] 樊崇义主编：《证据法学》，法律出版社 2001 年版，第 291 页。
[2] 罗玉珍主编：《民事证明制度与理论》，法律出版社 2003 年版，第 570 页。

### 一、司法认知规则

**(一) 司法认知的概念**

司法认知,指法院对显著事实,无需加以证明即确认其存在。[1]换言之,司法认知,是指法官在案件审理过程中,对于应当适用的法律或某些特定的待证事实,无须当事人举证证明即应认可其真实性,并把它作为认定事实、据以作出裁判的依据。由于这一规则适用的主体限于法官的审判活动,因此,司法认知又称"审判上的认知"或"审判上的知悉"。[2]

一般情况下,在诉讼过程中,对案件有重要意义的事实,包括案件的争点以及与案件争点相关的重要事实,都应当由当事人提出证据并加以证明。但这并不意味着所有与案件相关的事实都必须运用证据加以证明,对于一些在一定范围内已尽为人知的事实,法官可依职权予以确认该项事实的存在,从而免除当事人证明该项事实的义务。司法认知是一切事实必须用证据加以证明的总原则的例外规则。即凡是某一件事属于法律上规定为司法认知或审判上知悉的,法院将判定其存在,而无须当事人举证加以证明。[3]

**(二) 司法认知的价值**

司法认知在司法实践中的价值,主要体现在以下几个方面:

1. 司法认知有利于节省诉讼时间和诉讼成本

司法认知简便了诉讼证明程序。司法认知原则的宗旨是方便证明,缩小需要证明的范围。[4]司法认知最大的效率在于节约当事人调查收集证据的成本。对于众所周知的事实、自然规律及定理等属不证自明的事实,可以免除当事人举证的负担。司法认知节约了诉讼时间和成本,提高了诉讼效率。

2. 司法认知提高了质证效率

对于诸如众所周知的事实采用司法认知,是对这类事实的客观性的直接认可,其既减轻了负有举证责任一方当事人的取证负担,同时也减轻了

---

〔1〕 张卫平主编:《外国民事证据制度研究》,清华大学出版社 2004 年版,第 589 页。
〔2〕 叶自强:《民事证据研究》,法律出版社 1999 年版,第 20 页。
〔3〕 张永泉:《民事诉讼证据原理研究》,厦门大学出版社 2005 年版,第 258 页。
〔4〕 沈达明编著:《英美证据法》,中信出版社 1996 年版,第 65 页。

对方当事人的质证负担。

3. 司法认知可以提高认证效率和节约司法资源

对诸如一些司法判决所产生的预决事实采用司法认知，可以省去不必要的查证，使当事人和法院可以把有限的时间和资源合理地配置到对争议事实的审理上，从而促进审理集中化，提高诉讼效率。

4. 司法认知体现了司法公平与方便

就司法认知的功能而言，它在立法上所设立的范围大小正好与当事人就待证事实的举证范围成反比。司法认知的范围涉及如何公平地确定当事人举证范围的问题。司法认知的范围越广，意味着当事人举证的范围相对越小，举证负担相对减轻。

（三）司法认知的特征

1. 认知主体的特定性

法官作为诉讼程序的主持者，有责任将正确的法律运用到具体的案件审理与裁判中，而这一职责和义务，是法官特有的。因此，司法认知的主体是法官。法官拥有对案件的审判权，法官的审判权不仅仅是对法律的理解和适用，还包括对证据的评判和事实的认定。

2. 认知对象的确定性与公认性

司法认知的对象是众所周知的事实、法律、自然及科学规律及经验法则等。这些事实一般或为各国以立法方式明确化，或为司法实践所认可，因此，其范围比较确定。正是由于认知对象均为法律和众所周知的事实，故具有客观性。这些事实无须当事人举证证明，也不论法官是否认同，都实实在在地存在。因此，司法认知对象具有"客观性"、"公认性"的特征。[1]

3. 认知效力的权威性

由于司法认知对象具有的客观性和公认性，使得司法认知的结果具有较高的权威性，不能随意推翻其法律效力。司法认知的首要效力在于，一项争议的事实一旦被法院采取司法认知，主张该项事实存在的当事人无需举证。也就是说，司法认知免除了负有证明责任方当事人的证明责任，与此同时，其为另一方当事人施加了证明责任，即另一方当事人对司法认知

[1] 叶自强：《民事证据研究》，法律出版社 1999 年版，第 21 页。

的事实有异议的，必须提出证据证明，即必须有相反的证据足以推翻，才能够否定司法认知的事实。

（四）司法认知的事项

根据我国民事诉讼法及有关司法解释的规定，司法认知的事项主要有以下几个方面：

1. 众所周知的事实

众所周知的事实，又称公知事实、显著事实，是指在一定的时间和地域范围内具有通常知识经验的一般社会成员都知道的事实。审判人员作为社会中的成员，对众所周知的事实自应知悉，也可以依职权进行司法认知。

关于"众所周知"的范围界定，各国在理解上或实务上标准不一，主要有三种观点：①普遍性说，即社会上的一般成员，其中包括法官，都应知悉的事实；②相对性说，即本应为社会一般成员都能够知悉，但也不能排除其相对性；③区域性说，即认为应限于一定范围内的一般人所知悉。

我国立法关于众所周知事实范围的界定标准没有明确规定，在理论上目前主流观点认为应从以下两方面把握：一是时间性，即一定时间内发生的事情。因为，某件事实是否为众所周知往往会因时间的变迁、地点的变化而有所差别，若干年前发生的事实，当时属于众所周知，但随着时间的推移，人们已渐渐淡化或忘记，也就不再属于众所周知；二是区别性，一般应以法院的管辖区域为标准。因为，甲地发生的众所周知的事实，在乙地不一定人们都有所了解。所以法院司法认知的事实至少在审判法院管辖区域内属于众所周知。

确定某一事实是否众所周知应当注意以下三方面的问题：①事实为人们知晓的时空范围具有相对性，众所周知的事实只能在特定的地域范围内和特定的时间范围内为人们知晓；②事实是否众所周知在人群范围上同样具有相对性，不能以"人人皆知"为标准，而只能以特定时空范围内具有通常知识和通常生活经验的一般社会成员的普遍了解为标准；③众所周知的事实必须为审理案件的法官所知晓，这是法庭进行司法认知的必备条件。[1]

---

[1] 张永泉：《民事诉讼证据原理研究》，厦门大学出版社 2005 年版，第 265 页。

2. 自然规律和科学定理

自然规律，是指客观事物在特定的条件下所发生的本质联系和必然趋势的反映，是为人们通常所感知的客观事物及周而复始的或频繁地出现的那些具有内在必然联系的客观产物。

科学定理，是指在科学上于特定条件下已被反复证明属于一定变化过程的必然联系，因而被人们普遍采用为原则性或规律性的命题或公式。

自然规律和科学定理已经过实践的反复检验，所以，不需要借助于资料即可确认其真实可靠性，自然应列入司法认知的对象范围。

在司法实践中，当事人主张的待证事实一般不可能是"自然规律或科学定理"，通常是按照自然规律或定理所确定或推定成立的案件事实。[1]

3. 推定的事实

推定是指依照法律规定或者由法院按照经验法则，从已知的某一事实推断出未知的另一事实存在，并允许当事人提出反证推翻的一种证据法则。

推定依其性质和发生的依据不同，将其分为事实推定和法律推定。法律推定，是指根据法律的规定，当某一事实条件存在时，必须推定另一事实存在，如在婚姻关系存续期间出生的子女即推定为婚生子女。法律推定成立的条件是：没有其他证据与被推定的事实相冲突。事实推定，是指法官依据日常生活经验法则就某一已知事实推论出未知事实的证明规则。事实推定是法官根据日常生活经验法则对事实所作出的推定，而并不是法律要求法官必须适用推定。

推定的救济方法是反证，当事人可以提出反证推翻推定事实，但反证必须充分、足够，否则，法院应依法认定推定的事实。

4. 已被依法证明的事实

已被依法证明的事实主要包括：已为人民法院生效裁判所确认的事实；已为仲裁机构生效裁决所确认的事实；已为公证机关有效公证文书所证明的事实。

已被生效裁判和生效裁决确认的事实，也称预决的事实，其之所以不必证明，归根结底取决于生效裁判和裁决的既判力；而有效的公证文书所

[1] 王洪礼：《民事诉讼证据简论》，中国检察出版社 2007 年版，第 222 页。

证明的事实，是由公证机关依照法定程序，经过严格的审查后作出的，公证行为亦属国家的证明行为。因此，人民法院在对方当事人没有足够的相反证据推翻公证证明时，就可以直接将它作为认定事实的根据。

采取司法认知并未使事件不可争议，在本案判决生效以前，司法认知只具有形式上的证明力。为保证法庭在裁判中认定的事实与事实的真实情况相一致，并且防止法院滥用权力认定事实和误认事实，允许当事人提出相反主张，但其应有充足的相反证据可以推翻原认定事实。

（五）司法认知的方式

根据司法认知的启动与运用方式的不同，可将司法认知分为以下两种方式：

1. 法院依职权进行的司法认知

司法认知属于法院的职权行为，对于司法认知的事项，只要符合条件，法官就应主动依职权进行司法认知。法官在诉讼的任何阶段都可以采取司法认知。司法认知的事实是当事人已经主张的事实，当事人提供证据就是要证明主张事实的真实性。而如果法官基于生活经验常识或其职务行为，已经能够相信某一事实是真实存在的，当然也就不需要当事人再提供证据加以证明，而应直接进行认定。

2. 当事人申请的司法认知

如果法官没有依职权进行司法认知，而当事人认为该事实属于法官司法认知的范畴，可以申请法官进行司法认知。司法认知就如同提供证据证明主张事实一样，都是认定案件事实的方法，当事人提出司法认知的申请后，法官应认真考虑，对于符合司法认知条件的，就应以司法认知的方式，直接认定案件事实，对于不符合司法认知条件的，应告知当事人理由。

（六）司法认知的保障及救济程序

法官依职权进行的司法认知，应及时告知当事人及其诉讼代理人，受到不利司法认知的一方当事人在法律规定的时间内有权提供证据进行反驳，以救济其权利。如果当事人认为法院将要认知的事项并不具备司法认知的条件，应提供相反的证据进行反驳。法院经审查认为反驳证据合理、充分的，则不得进行司法认知。法院经审理认为反驳的证据不够合理、充分或反驳意见理由不能成立的，应依法及时作出司法认知。

当事人申请进行的司法认知，法院经审查认为申请的依据和理由不充分的，应裁定驳回，并充分阐述驳回的理由。当事人对该裁定可以申请法院复议。

法院经审查，对符合司法认知条件的应以书面裁定的形式作出司法认知。受到不利司法认知的一方当事人对司法认知的裁定不得上诉，但可以向作出裁定的法院申请复议一次。上级法院对下级法院作出的司法认知应当尊重和认可，如果当事人没有提出相反的证据予以推翻，二审法院不得随意撤销。

我国立法关于司法认知的规定，无疑有着积极的意义，它肯定了法官进行司法认知的重要作用。司法认知是一种特殊的案件事实的查明方式，是法院司法能力的体现，司法认知不仅是法官的一种基本业务素质，更应该成为法官在审判实践中的一项基本义务。[1]但我国立法仅仅规定了司法认知的对象及提出反证的内容，对于司法认知的程序、效力等问题都没有涉及，这必然会给实践操作带来一定的不便和混乱。故明确司法认知的程序是十分必要和迫切的问题。

### 二、推定规则

（一）推定的概念

推定，是指依照法律规定或者由法院按照经验法则，从已知的基础事实推定出推定事实的存在，并允许当事人提出反证予以推翻的一种证据规则。推定是借助于一存在的事实，据以推出另一相关的事实存在的一种假设。推定涉及两个事实，已知的事实（称基础事实）和未知的事实（称推定事实）。一旦基础事实得到证明，法院即可认定推定的事实，无需再对推定事实加以证明。推定发生的根据一是法律规定，二是经验法则。[2]

（二）推定规则的价值

推定作为一项重要的证据规则，其存在的价值主要表现为以下几个方面：

---

〔1〕　王洪礼：《民事诉讼证据简论》，中国检察出版社 2007 年版，第 228 页。
〔2〕　王洪礼：《民事诉讼证据简论》，中国检察出版社 2007 年版，第 233 页。

1. 符合诉讼经济原则

设置推定的目的，是从立法上为司法审判活动提供必要的证明方式或手段，它可以免除主张推定事实的一方当事人的举证责任。通过推定减少不必要的举证，从而加快诉讼进程，节省当事人为调查收集证据所投入的人力、物力，也节省了法院审理案件所花费的时间，达到诉讼经济的目的。有些推定是为了让更方便提供证据的人承担举证的负担，以提高诉讼效率。

2. 推定可以快速有效地解决因证据陷于困境的案件

在诉讼实践中，某些案件事实属于系争焦点，对案件审理结果有重大影响，但对其调查举证却十分困难，甚至根本不可能，为了不使案件事实出现真伪不明的状态，推定因客观需要而产生。

3. 反证比直接证明有时具有更高的效率

如果什么事情更可能发生，它就会常常被推定。法律上的推定，是立法者把深为人们熟知和掌握的经验规则，通过立法的形式固定化、条文化而成为法律。事实推定是法官借助于现存的事实，据以推断另一相关事实的真伪或存在与否。事实推定是司法经验规则的运用，而司法经验规则的基础是客观事实之间的内在联系。一般情况下，推定事实的真实性具有很高的盖然性。具有高度盖然性的两个事实之间的证明，反证比直接证明具有更高的效率。

4. 推定可以通过明确民事法律关系促进经济发展

如房产证上记载的"房主"推定为该房产的所有权人，动产的持有人推定为该动产的所有权人等，有了这样的推定，交易双方就可以放心买卖，从而促进商品交易的发展。

5. 有利于公平地分配当事人的举证责任

推定与举证责任具有密切的关联性，表现在以下两个方面：

（1）减轻了主张推定事实的一方当事人的举证责任。主张推定事实的一方当事人，应对推定事实的存在负证明责任，而推定事实证明起来是相当困难的，由于推定的存在，证明的困难被大为缓解，主张推定事实存在的当事人只需要举证证明那些相对来说较为容易证明的基础事实。基础事实一旦得到证明，法院就会依照法律规定作出存在推定事实的假定。

（2）将不存在推定事实的证明责任转移于对方当事人。推定决定举证责任分配的变化。推定规则体现了立法者的诉讼价值、社会政策等观念，所以有时使得举证责任的一般规则有所变化，如医疗纠纷等。当推定事实因基础事实的确认而被假定存在后，否认推定事实的一方要推翻该推定事实，就必须对不存在推定事实负证明责任，即该当事人必须提出充分的证据证明不存在推定事实，而不仅仅是提供反证的责任。另一种办法就是该当事人对基础事实提出争议，并提出证据证明基础事实不存在。就基础事实而言，该当事人只负担提供反证的责任，因此，只需提出证据使基础事实存在与否处于真伪不明状态即可。

（三）推定规则的种类

推定分为法律上的推定和事实上的推定两种：

1. 法律推定

法律推定，是指由法律明文规定的推定。法律推定的根据是基础事实的存在与确立，只要能够证明基础事实的存在，在法律上即可认为推定事实已被证据所证明。法律推定可分为直接推定和推论推定：

（1）推论推定。推论推定，是指依据法律从已知事实推论未知事实、从前提事实推论推定事实的结果。适用这种推定，可以减轻主张推定事实的一方当事人的举证责任，并且可以将举证责任从一方转移给另一方。

（2）直接推定。当法律不依赖于任何基础事实就假定某一事实存在时，这种推定即为直接推定，如"过错推定"。它的作用仅在于确定推定事实不存在的举证责任由何方当事人承担。直接推定也是一种假定，所以，因该推定处于不利地位的一方当事人可以提供证据推翻这一推定。

2. 事实推定

事实推定，是指审判者基于职务上的需要根据一定的经验法则，将已知的事实作为基础事实，进行推论未知事实的证明手段。对事实上的推定，由法院依职权根据已知的事实推定待证事实的真伪，不以当事人举证为前提。如审判员根据某合同已经履行的事实，推定当事人之间存在合同关系等。事实推定是法律推定的必要补充。在进行事实推定时，法官必须基于良知和公正的理念要求，运用自己的知识能力理性运用经验规则，对待证事实作出推论。虽然事实推定与法律推定一样，都是对事实所作的推定，但是事实推定不具有转移证明责任的作用。法律推定审判者必须适用，事实推定不要求法院必须适用。

（四）推定的保障及救济程序

事实推定与法律推定相比，在适用过程中更多地是裁判者个人裁量的主观推理过程，这样事实推定与逻辑证明就有更大的相似性。推定是人们在生活中经长期反复的实践所取得的一种因果关系经验。而这种因果关系的基础是经验法则，而依据经验法则为基础的因果关系提出的假说，并不一定是完全可靠的，它随时都有可能被人类相反的经验所推翻。所以因果关系的确定性与不确定性，需要通过反证来检验。一方面，因果关系的确定性要求事实裁判者根据基础事实推导出推定事实，并免除主张推定事实存在的当事人提供证据的责任和证明责任；另一方面，因果关系基于已知领域向未知领域扩张而带来的不确定性和可以被证伪、被推翻的特点，法律允许因认定推定事实存在而可能受到不利益的当事人可以提供相反的证据以反驳推定。因推定存在的不确定性，为了平衡双方当事人的利益，兼顾公正与效率，应严格规范运用推定。

第一，适用法律推定必须具有法律依据、不得滥用。审判人员适用法律推定时必须具有法律的明确规定。只有在法律作出规定时，法官才能够以此为根据分配当事人的举证责任，才能以此确定推定的事实。

第二，适用法律推定应当合理，应当经过合议庭集体讨论，以避免对推定的任意运用。对推定应建立有效的制约监督机制。对于事实的推定，不得代替必要的调查取证。基础事实与推定事实之间须有常态联系，并且基础事实必须已经得到法律上的确认，如免证的事实等。

第三，允许当事人有反驳的机会。推定在本质上是对某一事实的真实性的预先设定，不一定完全与客观事实相吻合，具有不确定性。为了尽可能追求客观真实与法律真实的一致性，为了防范或尽可能消除由于偶然性而对司法上运用推定所造成的负面效应，在程序上赋予受推定而产生不利益的一方当事人以反驳的权利和机会，有利于司法机关确定推定结论的客观真实性，以便使推定的适用建立在尽可能合理和确定的基础之上。反驳的证据必须客观真实，足以推翻基础事实或推定事实，否则推定规则仍然具有约束力。

（五）推定规则在我国的运用

为了稳定社会关系，减轻当事人的证明困难，我国法律规定了一些推定，其主要有以下几方面：

1. 在作品上署名的人就是作者的推定

即只要某人在作品上署名，就推定他是作者。《著作法》第 11 条规定"如无相反证明，在作品上署名的公民、法人或其他组织为作者。"

2. 过错的推定

在民法上，过错推定是指若原告能证明其所受的损害是由被告所致，而被告不能证明自己没有过错，法律上就应推定被告有过错并负民事责任。如民法通则第 126 条规定的建筑物及悬挂物等致人损害的案件等。

3. 不利证据的推定

不利证据的推定，是指当事人拒不提供证据或因一方当事人的行为而导致其所持有的对证明案件待证事实具有证明意义的证据材料、销毁、毁损至丧失其证明价值的程度而产生相应法律后果的一种事实状态。在此情况下，推定相对一方当事人的事实主张为真实，符合逻辑上的经验所确定的事物发展的轨迹或常态。《证据规定》第 75 条规定："有证据证明一方当事人持有证据无正当理由拒不提供，如果对方当事人主张该证据的内容不利于证据持有人，可以推定该主张成立。"

4. 宣告死亡的推定

当一个人失踪达到一定期限后，就有两种可能性，死亡或失踪，在法院发出公告后失踪人仍然没有出现的情况下，死亡的可能性就很大，于是法律就规定了推定死亡的宣告死亡制度。

5. 生存的推定

二人以上同时遇难，无法确定何人先死或后死，因主张先死或后死者，须负举证责任，因这些人同时遇难无法证明何人先死或后死，为此只能运用推定规则。根据最高人民法院《关于贯彻执行〈中华人民共和国继承法〉若干问题的意见》第 2 条的规定，在此情况下，应推定没有继承人的人先死亡，死亡人都有继承人的，如果几个人辈份不同，应推定长辈先死亡，辈份相同的推定同时死亡。

6. 能力的推定

法律通常以正常人的思维判断能力作为标准而作出规范能力的推定。其实质是对行为人思维判断能力的推定。我国《继承法》第 22 条规定，将无行为能力或限制行为能力人推定为无遗嘱能力。

7. 故意的推定

行为人对其行为自然的及可能发生的结果，能够预见，并希望其发生或放任其发生的，推定其为故意。

8. 所有权的推定

如房产证上、存折上记载的名字，通常推定该名字为所有权人。

（六）我国民事推定制度存在的问题

我国当前民事经济案件的大幅度增长使得民事推定问题的研究变得更为迫切。我国现行民事推定制度的缺陷主要体现在立法和司法两个方面：

1. 立法方面的问题

1992 年《民诉意见》中第一次明确规定了民事诉讼中的推定，初步确立了我国民事推定制度。《民诉意见》第 75 条第 3 项规定"根据法律规定或已知事实能推出的另一事实当事人无须举证"；《证据规则》又将民事推定分为事实推定和法律推定两种，并赋予了民事推定可以反驳的相对效力和属性。但这些个别条文未能全面、系统地规定民事推定的效力、适用机制等内容，故缺乏应有的可操作性。具体表现有以下几种：①法律关于推定效力的规定尚显概括；②未能反映出当事人反驳推定结论的举证应至何种程度；③没有强制要求文书的内容应包括从证据推导出要件事实的推理过程；④没有因推定的不同而对其效力作出区别性规定；⑤没有规定经验法则的适用机制。

2. 司法方面的问题

我国司法制度与诉讼制度设计的重心过于偏重保证事实认定和法律适用的正确，没有建立鼓励裁判者积极大胆适用经验法则、事实推定认定案件事实的司法机制。上诉制度、错案追究制度，均束缚于法官运用民事推定的积极性。事实推定在我国既没有法律明确列举，又没有关于经验法则或事实推定的权威判例，对其适用规则和条件也没有系统的、具有可操作性的应用机制，所以多数法官在审判中，除了适用非常明确的、当事人无争议的经验法则之外，一般不采用经验法则判决案件。

### 三、自认规则

自认作为民事诉讼中的一项重要制度，在解决纠纷的过程中有着重要的作用和独有的程序价值。就法院而言，对于当事人自认的事实可免予调查、取证、质证,从而简化了诉讼程序,节约了有限的司法资源。对于当事人而言,自认可以缓和双方当事人之间的对抗情绪、减少争点,从而促进纠纷快速解决。

（一）自认规则概述

1. 自认的概念

自认,是指在诉讼上,一方当事人就对方当事人所主张的不利于己的事实作出明确的承认或某种表示,从而产生相应法律后果的诉讼行为。在民事诉讼中,负有证明责任的当事人提交的证据,必须经过质证,才能作为认定案件事实的根据。但在审判实践中,如果一方当事人对另一方当事人提出的某一证据不提出异议,即视为产生一种自认的效果。

自认制度在当事人主导型诉讼体制的国家中是一项必不可少的制度,都在证据法中对自认制度作了规定,如意大利、德国等。我国《民事诉讼法》对自认问题未明确规定,但《民诉意见》第 75 条无须举证的情形的第 1 项规定,一方当事人主张对事实的承认和对诉讼请求的承认,可以免除对方当事人的举证责任。《证据规定》第 8 条对自认制度予以了明确和细化。

2. 自认的效率价值

案件事实错综复杂,通过自认,法官在诉讼中能迅速地对当事人的争执点进行清理,将无争议的事实确立下来,有利于法官在庭审中集中精力、有的放矢,提高审判效率。当事人作出自认,即可免除对方当事人的举证责任。对当事人而言,减轻了讼累,有利于当事人达成调解协议或者自行和解,从而达到息讼的社会效果。对法院而言,法官可以依据当事人自认的事实作为裁判的基础,从而缩短诉讼周期,减轻法院的审判压力,防止诉讼迟延,节约诉讼成本,提高诉讼效率。

3. 诉讼上自认的构成要件

自认可分为"诉讼上的自认"和"诉讼外的自认"。《证据规定》第 8 条第 1 款规定,诉讼过程中,一方当事人对另一方当事人陈述的案件事实明确表示承认的,另一方当事人无须举证。可见其只确立了诉讼上的自认,对诉讼外的自认没有规定。诉讼上的自认应具备以下四个要件:

（1）自认必须是来源于当事人对案件事实的陈述。诉讼上的自认在我国属于当事人陈述的内容之一,属于自认方所作的与他方当事人的陈述相同部分的内容。当事人双方因利害关系的对立，所陈述的案件事实往往不尽一致，但在某些情况下也可能完全相同。其相同的案件事实陈述，可以作为后陈述方对先陈述一方陈述事实的自认。在各国民事证据理论中，一般认为诉讼上的自认，还必须是一种于己不利事实的陈述。当事人对有利于自己事实的陈述，不能构成诉讼上的自认。如果对方当事人也予以承认，则属于对方当事人的自认。自认的对象，仅限于案件的主要事实而不涉及间接事实和辅助事实。间接事实和辅助事实是判断主要事实的手段，处于与证据同等的地位，其存在与否、真实与否应由法官依自由心证加以判断。

（2）自认必须发生于诉讼过程中。诉讼上的自认，是当事人在诉讼过程中向法庭承认对方所主张的事实。作出自认的时间，可以在开庭审理前的准备阶段，如被告在提交的答辩状中作出自认，也可以在回答审判人员庭审前的询问时表示自认，还可以在开庭审理的过程中作出。另外，自认必须发生于诉讼过程中，还指自认必须是在法官面前作出才有效。各国的诉讼理论和实践都不承认诉讼外自认具有免除举证责任的效力。诉讼外的自认只能作为一般的民事诉讼证据提交法庭，需要经过质证程序，不能免除举证责任。

（3）自认的内容必须与对方当事人的事实陈述相一致。事实陈述一致，也就是说自认的事实与对方当事人陈述的事实没有矛盾。并且自认中事实主张的一致性不问先后顺序。

（4）自认的表示应当是明确的。自认可以通过起诉状、答辩状、陈述及其委托代理人的代理词等书面形式表现，也可以在证据交换时或庭审过程中以口头形式表现，但应记入笔录。明示是自认的最基本的形式。但在审判实践中，对对方陈述的事实既未表示承认也未否认，经审判人员充分说明并询问后，其仍不明确表示肯定或者否定的，视为对该项事实的承认。这被称为"拟制的自认"，拟制的自认具有与诉讼上自认相同的效力。我国以前只承认明示的自认，《证据规定》第8条第2款确立了拟制的自认。

（二）自认的效力

自认的效力，是指自认有效成立后对法院、自认当事人所产生的拘束力及对对方当事人所产生的拘束力和免证效力。自认对法院、双方当事人所产生的拘束力不一样，其效力依据也各不相同。对于诉讼上的自认，无论是明示还是拟制，不论是当事人本人所为还是经特别授权的代理人所为均产生以下几方面的效力：

1. 自认具有免除对方当事人举证责任的效力

对于一方当事人主张不利己的事实而作出的自认，相对方就该项事实主张可以免除举证责任。诉讼过程中发现案件事实是一个非常复杂的过程，需要借助大量的证据材料，通过质证、认证程序，审查判断，就不可避免地耗费当事人和法官大量的时间和精力，在不完善的司法体制下，就会导致诉讼拖延和诉讼成本过高的问题，自认制度在一定程度上缓解了这种诉累的压力。自认发生免除当事人举证责任的原因在于双方当事人因自认行为而对案件的某一事实不存在争议。

2. 约束法院的效力

当事人的自认是一种特殊的陈述形式。其特殊性在于，一旦这种对其不利的陈述实际发生，法官在审判上将会把它作为一种真实来看待，无须将其作为一种证据提交当事人进行辩论即约束法官的裁判。所谓约束法官的裁判，是指在当事人已作出自认的情形下，法官应依职权将当事人作出自认所涉及的事实作为裁判的基础，除非当事人所自认的事实有违背日常经验、自然规律及定律等情形或涉及国家利益、社会利益、他人合法利益，或确认需要特定的法律程序等情形。自认制度的设立排除了法院对自认事实的认定权，不能动用职权调查相应事实的真伪，即在一定程度上必须容忍自认事实的非真实性。一般而言，自认的效力不仅约束第一审法院，对其上级法院也构成约束效力。当事人在一审中所认可的证据，在二审诉讼中不得任意推翻，这也是自认规则与禁反言规则适用的体现。但是，在现行的诉讼证据制度中，二审不仅是"法律审"，也是"事实审"，二审法官对证据的真实性还要重新评估。这种做法的最大弊端在于：可能导致当事人轻易的推翻其在一审中的自认，造成自认制度的冲突，浪费诉讼资源。

自认对法官的约束力源于民事诉讼法中辩论主义这一基本原则。辩论主义的基本要求是：直接决定法律效果发生或消灭的事实必须在当事人的辩论中出现，法院不得以当事人没有主张的事实作为判决的事实根据；并且法院应将当事人之间没有争议的事实作为判决的根据，即使法院依职权收集调查证据，也只能限定在当事人主张的范围之内。辩论主义下的自认制度，其核心是以当事人的辩论内容制约法官的裁判，体现了对当事人诉讼主体地位的尊重。"尊重个人的原则意味着个人应对自己行为所造成的后果负责"，承认自认对法院的拘束力，在一定程上可以防止法官的恣意擅断。我国现行民事诉讼法和司法解释，关于自认效力的规定，片面地强调自认对对方当事人产生的免除其举证责任的效力，而这只是自认效力的一个方面，对自认人和法院的约束力则没有作出明确规定，这与我国理论界对自认的属性存在错误认识有关。

3. 约束自认当事人的效力

自认对当事人产生的拘束力表现在当事人一旦对案件事实作出自认后非经法定程序、具备法定条件不得再行撤销，法院可以依据该自认事实作为适用法律的事实基础，作为裁判的依据。并且，当事人在一审程序中所作出的自认不仅在一审程序中有拘束力，而且在二审或再审程序中也同样有拘束力，不能因为在其他程序中声明一审所自认的事实不真实而推翻其自认。自认制度对当事人约束力来源于禁反言原则。诉讼上的禁反言原则，主要是防止当事人出现前后互相矛盾的诉讼行为，从而损害当事人的利益。如果允许自认当事人随意否定先前的自认行为，势必给对方在主张事实的举证方面造成困难，导致诉讼上的突然袭击。自认之所以不得任意撤销，是为了保护对方当事人的信赖。

（三）自认的例外与限制

在特殊情形下应对自认的效力加以必要的限制，或作为自认规则的一种例外。因此，在下列情形下，自认不产生原有的效力：

1. 涉及身份关系等人身权的诉讼案件

人身权诉讼，是指诉讼活动的开展直接涉及对人身权利的确认和诉讼。人身权属于自然人的专属权利，并且没有直接财产利益的属性，从而决定其不能够采用金钱来加以估算与衡量。这种权利的内容主要体现在人格关系与身份关系等精神权益和价值理念，决定了一个社会赖以维系的公序良俗。因此，有必要运用一定的社会公共权益保障机制加以维护，各国法院一般采取依职权调查主义，而不适用自认制度。我国《证据规定》第8条第1款规定："诉讼过程中，一方当事人对另一方当事人陈述的案件事实明确表示承认的，另一方当事人无须举证。但涉及身份关系的案件除外。"明确将涉及身份关系的案件排除在自认制度适用的范围之外,是因为自认制度适用的诉讼环境不同于身份关系诉讼。身份关系的诉讼具有区别于契约诉讼、侵权诉讼的特殊性,身份的确认、有效性、解除身份关系等人身权利不是单纯的可以自由处分的财产权利,处分权要受到很大的限制。如离婚案件,一方起诉离婚,另一方同意,承认为配偶,但还必须提供有效证件来证明夫妻关系的存在。关于被收养年龄的事实,即使被收养人承认符合收养条件的,收养人仍需要证明,并不因为对方的承认而免除举证责任。

2. 在诉讼上已被证据证明为并非真实的事实

已被有效的证据加以证实的事实,本无调查证据的必要。而自认主要针对的是被当事人主张而尚未证实的事实,倘若被当事人所主张的事实已被证据证实,法官对其已产生确切的心证,此时已无当事人再加举证的必要。因此,当事人的自认也不产生任何效力。

3. 在法律上应依职权调查或另有规定的事项

《证据规定》第15条对法院依职权主动调查收集的证据规定了两种情形:①涉及可能有损害国家利益、社会公共利益或他人合法权益的事实;②涉及依职权追加当事人、中止诉讼、终结诉讼、回避等与实体争议无关的程序事项。因此,在遇有以上两种情形下,即使一方当事人承认侵害了对方当事人的全部或部分权益,但是,如果法院认为在个案中涉及的情形有可能涉及损害国家利益、社会公共利益或他人合法权益之嫌时,不受当事人自认的限制,其可依职权收集调查相关证据,以便对当事人之间所争议的财产权益可能会涉及诉讼外的有关权利的事实予以查明。另外,民事诉讼虽然涉及解决私权纠纷,但是,诉讼程序以及对诉讼程序的管理则属于公法范畴,应体现国家司法权在诉讼上的一种公平正义,为了使这种救济手段切实发挥其应有的价值功能,当事人对这些与争议无关的程序事项的承认不应对法院在审判上的查明产生约束效力。

4. 对调解或和解上所作自认的限制

《证据规定》第67条规定:"在诉讼中,当事人为达成调解协议或者和解的目的作出妥协所涉及的对案件事实的认可,不得在其后的诉讼中作为对其不利的证据。"本条是关于当事人为达成调解协议或以和解为目的所作自认而产生诉讼上的效力的一种限制性规定。

第四章

第四章

无论是通过法院调解还是当事人的和解解决争议，双方当事人必须坚持自愿原则，互谅互让、平等协商；有时为了达成协议，双方当事人都必须割让一部分利益。在诉讼中，当事人为了达成调解协议或者为以实现和解目的而作出妥协，是一种让步，是一种利益的自愿让渡，仅仅是为求得偃息争端而作出的让步，可视为是一种附条件的民事法律行为，是以对方当事人的认可和接受为条件的，如调解不能达成协议的，该民事法律行为不能生效。《证据规定》第67条的规定，是为了防止当事人以调解或和解为名而采用欺诈手段实现诉讼利益，对调解或和解不成之后的诉讼产生不良影响。这一规定也有助于当事人本着诚实信用的原则，积极地采用调解或和解的手段解决争议。

5. 对共同诉讼中自认的限制

共同诉讼中一人的自认，其效力是否及于其他共同诉讼人的问题。一般而言，在共同诉讼中，其中共同诉讼中的一人所作出的自认，如果有利于共同诉讼人的，其效力及于全体共同诉讼人；如果对其他共同诉讼人产生不利效果的，这种自认的效力不得自动对其他共同诉讼人产生相应的法律后果。许多国家都作出了这种规定。

（四）自认的撤销与撤回

当事人的自认自成立时起便对当事人产生约束力，免除了对方当事人的相应事实的举证责任，同时约束法院不必查证而作为裁判的基础。自认一经作出，原则上不得撤回或撤销。各国对当事人的撤回自认都持严谨的态度，只在确有必要时，才允许当事人撤销或撤回自认，将撤回对审判所造成的影响降低到最小限度。

根据各国的立法和学理观点认为，自认撤销的情形有：①自认的当事人能证明与事实不符且系出于错误而作出的自认。所谓的错误包括当事人对事实本身的错误认识和对有关事实的法律的错误认知。但从维护诉讼程序的安定性角度考虑，应对导致错误发生的主观过错加以限制，如当事人有重大过失，就应不允许其撤回自认。②当事人作出自认是由于被他人所欺诈、胁迫或其他与违法犯罪有关的原因。③对方当事人同意其撤销自认。④当事人作出自认的事实与法院在审判上所认知的事实相违背。⑤代理人代为自认，后经本人及时撤销的。

我国《证据规定》第8条第4款对自认的撤销加以了规定，当事人在法庭辩论终结前撤回承认并经对方当事人同意，或者有充分证据证明其承认行为是在胁迫或者重大误解情况下作出且与事实不符的，不能免除对方当事人的举证责任。该款规定了自认撤销的时间和条件：

1. 自认撤销的时间

自认撤销的时间是在法庭辩论终结之前提出，否则，撤销不发生效力。

2. 自认撤销的条件

自认撤销的条件有三种情形：①经对方当事人同意；②当事人有充分的证据证明其承认行为是在胁迫的情况下作出，而且与事实不符的；③当事人有充分证据证明其承认行为是在重大误解的情况下作出，而且与事实不符的。自认撤销后，其效力也就消失，对方当事人仍应负举证责任。

（五）我国民事自认制度存在的问题

因法律规定的不完备及传统审判模式的影响，自认规则在我国审判实践中存在的问题，表现在以下几个方面：①在送达起诉状副本时，被告对案件的某些事实予以认可，并表示不答辩，但在开庭过程中，被告又否认送达期间的自认；②在诉讼过程，一方当事人庭外对另一方当事人表示承认某些事实，但在法庭上却予以否认；③在法庭调查阶段和当庭陈述时，一方当事人对另一方当事人的某一事实表示承认，但在质证阶段又予以否认，使法官对事实难以判明真伪；④辩论阶段当事人对法庭调查中作出的自认予以否认；⑤休庭或闭庭后当事人又否认在开庭审理期间自认的案件事实；⑥当事人在调解过程中承认案件事实，但调解不成则全盘推翻所作的承认；⑦当事人在一审过程中承认案件事实，因不服判决，在二审过程中又予以否认一审所作的自认；⑧案件审理期间，当事人作了陈述，但其诉讼代理人对其否认，或者代理人暗示当事人推翻所作的自认；⑨进入诉讼程序后，当事人的诉讼代理人在开庭前对另一方当事人进行调查，另一方当事人对案件事实予以承认，但在开庭过程中又否认其所作的承认。

上述问题的出现主要有以下几方面的原因：

1. 立法的缺失和粗疏导致自认规则难以发挥作用

我国民诉法将自认归属于特殊的当事人陈述。其在审判实践中弊端突出，因为民事诉讼法规定，当事人陈述，必须查证属实才能作为认定案件事实的依据。由此可见，自认不具有直接的证明力。民事诉讼法还规定，法院应当结合本案的其他证据，审查确定当事人的陈述能否作为认定案件事实的根据。因此，我国的民事诉讼法不仅不承认自认具有免除对方当事人举证责任的效力，而且也不承认自认对法院具有约束力。因而导致在审判实践中仅凭当事人的自认无法定案。《证据规定》对当事人的自认作出了规定，针对实践中存在的主要问题对自认制度予以明确和细化，但规定仍不完善，如对诉讼外的自认以及自认对法院的效力等均缺乏相应的规定，致使法官在审判实践中仍然不好操作，当事人也容易反悔。况且，该规定只是司法解释，法官在审判实践中适用自认缺乏足够的自信和法律支撑。

2. 司法体制缺乏对法官适用自认规则的激励机制

书证优先原则在法官的思维模式中根深蒂固，传统理论认为书面证据的证明力高于其他证据的证明力，因口头证据难以固定，法官只有以书面证据定案似乎才能做到心中有数和对案件处理结果的踏实自信，法官仅依据当事人的陈述定案会冒很大的风险，所以，法官一般不愿意采信当事人的自认。因此，法官漠视自认规则也就顺理成章，法官在审判实践中难以仅凭当事人的陈述定案。

3. 法院内部对于案件审判质量的考核评价机制不科学不合理

法院内部对案件审判质量的考核评价机制，约束了法官的开拓能力和大胆运用法律的能力，考核机制主要是着重于案件是否接近于客观真实来评价案件的质量，致使法官在这种考核机制下努力追求踏实可靠的案件处理结果，而不敢大胆运用处于不确定风险中的当事人的自认。

4. 当事人的法律意识淡薄

当事人的法律意识，特别是证据意识相当薄弱，很多当事人并不知道自认的法律后果，其作出自认和否认自认都很随意。确立自认规则反映了法律对诚实当事人的尊重和对不诚实当事人的否认。

**四、非法证据排除规则**

**（一）非法证据排除规则的概念**

收集证据是我国民事诉讼法赋予当事人诸多诉讼权利中的一种，当事人向他人收集证据时，采用的方式、手段可能会违反法律的规定或侵害他人的合法权益，由此产生了民事诉讼中的非法证据问题。

非法证据排除规则，是指某些证据对案件事实虽然具有证明价值，但是基于立法者的预先设定或者司法者的据情考量，认为该种证据的使用将违背法律原则以及法律精神所应当体现的社会价值及观念，进而对这种证据的资格作出否定性结论的规则。法院不得以非法证据来确定案情和作为裁判的根据。

（二）民事非法证据排除规则的价值

非法证据排除规则的确立在司法实践中具有以下几方面的价值：

1. 加强对人权的保护

设立非法证据排除规则最根本的宗旨就是保障公民的基本人权。非法证据排除规则起源于美国，其设置的主要价值就是保护人权，不管其保护人权的价值发挥得如何，该规则体现了对人的尊重，主要表现为对人的生命权、自由权、隐私权的尊重。非法证据排除规则在美国首先确立于刑事诉讼中，其确立的宗旨在于防止国家执法人员滥用权力，以便保护公民个人权利不受侵犯。民事非法证据排除规则的确立也是随着人权保护观念的高涨而逐步得到确立和发展的。民事诉讼一直以来被视为诉讼当事人之间的私人行为，当事人可以采取一切手段来保护自己的合法利益。但随着社会的发展，一些当事人借助越来越先进的高科技设备提高收集证据的能力，也为当事人在收集证据的过程中侵犯对方当事人和不特定社会主体的人权埋下了隐患。当事人为了自身的利益而收集证据的行为无可厚非，但是如果收集证据的行为侵犯了对方当事人和社会一般主体的基本人权或国家和社会的公共利益，就需要在两者之间作出一定的选择，是尊重当事人的合法的诉讼权利，还是优先考虑基本的人权保障和国家社会的公共利益。很显然，后者是更为重要的。当代社会越来越重视个人的权利和自由。民事非法证据排除规则的出现恰恰是为了防止当事人的取证行为损害对方当事人和其他社会主体的基本人权和社会公共利益，虽然通过这个规则排除了一些真实且与案件有一定关联的证据，甚至有些是案件的关键证据或主要证据，因而必然会损害收集证据一方当事人的合法利益，对当事人的实体利益产生不利影响，但是这是将个人权利和自由看得较高的社会所必须付出的代价，在很大程度上迫使当事人在收集证据时不会违背人权保护的宗旨，从而以一种积极的态度表明了对人权的重视，对公共利益的重视。非法证据排除规则是随着对人权保障认识的深化而逐步发展与完

第四章

善的。

2. 维护其他社会利益

在非法证据排除问题上，深刻地反映了法律制度中各种不同目标、价值、利益之间的冲突与竞争，对一个目标的肯定往往意味着对另一个目标的否定，选择一种价值的同时不得不舍弃另一种价值，保护一种利益会不可避免地损害另一种利益。就诉讼本身的目的来看，通过证据的调查收集，最大限度地发现或接近案件的客观事实。发现真实是实现公正裁判的手段和前提，公正判决是发现真实所要实现的目的。

就整个社会而言，追求公正的裁判并不是司法审判的最终目的，通过法院的公正判决，维护人权，维护社会利益和社会秩序，规范和引导人们的行为，才是最终的目标。从这个意义上讲，公正判决是维护社会利益和实现社会正义的手段和前提，后者才是最终目的。发现真实固然有利于实现公正，维护社会利益，但在有些情况下，发现真实的方法会与通过诉讼所要实现的终极目标相冲突，我们就不得不放弃手段而追求目的。换言之，只能牺牲当事人的、局部的利益，而维护其他利益。

3. 保持司法程序的纯洁性

非法证据排除规则建立的主要目的是防止将来的违法，这种防止主要是通过威慑来实现的。即为了避免证据不被采纳，而自觉地选择不违法的途径来获得证据。诉讼利益的实现是实体利益正当化的前提和条件，如果没有程序利益的正当化和合法化，实体利益将受到损害。作为当事人诉讼利益重要内容的当事人收集证据的权利的行使也必须遵循正当程序，而违法收集证据的行为则由于其违法性而导致了程序正当性受到了破坏，"污染"了程序的纯洁。而非法证据排除规则就是试图避免程序的正当性受到当事人收集证据的手段的影响，保证程序的纯洁性，从而保障实体权利的正当化、合法化。如果法院允许非法取得的证据在法庭上作为定案的证据使用，法院也就是参与和鼓励了非法行为，使司法程序受到非法证据的污染。确立民事非法证据排除规则有利于增加司法审判的透明度，增强了社会公众对司法运作的信心；确立民事非法证据排除规则还有利于控制和规范审判权，以防止造成司法侵权。

4. 非法证据排除规则具有效率价值

从成本看，适用该规则所投入的唯一成本是"案件真相不能查明，影响实体公正的实现"。但对此我们应从以下两方面正确看待：①在适用该规则的案件中，如果致使案件真相不能查明，这不能完全归责于该规则，因为如果当事人在收集证据过程中不违法，则不会发生非法证据排除问题；②该规则仅是民事诉讼程序诸多规则中的一条，这些规则的整体合力共同完成民事司法的任务，其中每一条规则都各有其侧重点，而"查清案件事实"并非是民事非法证据排除规则的任务。从产出来看，该规则所产出的价值如下：实现对公民个人的权利保障；维护社会秩序；实现对非法取证行为的司法控制；维护司法的廉洁与尊严等。从总体上来看，该规则的价值产出大于其成本，是可以采纳和实行的。如果在实施过程中能由法官据情裁量，即在一些特定情况下非法证据也可以使用，这样就可以进一步降低成本，使其更趋合理。

（三）民事非法证据认定标准

民事非法证据认定标准，是指判断某些存在一定违法性因素的民事证据是否属于非法证据的准则。非法证据的认定标准是证据研究领域中的一个非常关键的问题。如果非法证据的认定标准本身不合理，则非法证据排除规则不仅不能发挥其保障公民基本人权、抑制非法取证的作用，而且在某些情况下，还会对公民通过诉讼程序实现其合法权益造成实质性的障碍。因此，各国对非法证据的排除在刑事诉讼领域较为严厉，但在民事诉讼领域均持较为谨慎的态度，不倾向于严厉排除。如美国采用的是违宪标准，即以是否违反宪法中的特定条款作为认定非法证据的标准；而英国与美国存在很大差异，英国有一个基本原则，即取得证据的方式并不影响证据的可采性。近几十年来，英国法律进行了较大的改革，在刑事诉讼领域也有了非法证据排除规则的有关规定，但在民事诉讼中，英国并不排除非法证据。德国对非证据的认定标准主要是以违反宪法中特定原则为依据，而在日本的民事诉讼法中，原则上不对证据资格进行限制。近年来学术界已考虑到这样处理存在的弊端。因此，承认应当对违法收集的证据资格给予一定程序的限制已成为多数说。目前，日本学术界的主流观点认为，民事非法证据的认定标准，应把违法收集的证据分成两种类型：①对通过使用轻微违法方式而收集的证据，肯定其证据资格；②对通过使用侵犯宪法规定的人格权的方式而违法收集的证据，则确定性地否定其证据资格。

我国民事非法证据认定标准的立法状况。我国《民事诉讼法》对是否排除非法证据没有任何规定，1995 年最高人民法院司法解释规定：证据的取得必须合法，只有经过合法取得的证据才能作为定案的依据。未经对方当事人同意私自录制其谈话，系不法行为，以这种手段取得的录音资料，不能作为证据使用。这是我国民事诉讼中第一次提出非法证据排除规则。但从审判实践的效果看，这一批复确定的排除标准对于民事证据过于严厉。审判人员即使确信证据内容的真实性也无法对权利人予以保护。《证据规定》对该问题的规定有了很大缓和。《证据规定》第 68 条规定：以侵害他人合法权益或违反法律禁止性规定的方法取得的证据，不能作为认定案件事实的依据。《证据规定》第 70 条第 3 项规定：有其他证据佐证并以合法手段取得的、无疑点的视听资料或者与视听资料核对无误的复制件，对方当事人提出异议但没有足以反驳的相反证据的，人民法院应当确认其证明效力。这一规定相对放宽了证据合法性的条件。对视听资料，不再以被拍摄者、被录制者的同意作为具有证据资格的先决条件。这种较灵活的处理方式，使得排除非法证据与保护案件当事人实体权利之间的冲突得到一定的缓解。但《证据规定》确立的民事非法证据认定标准仍过于抽象、笼统，司法实践中难以把握。

由于民事非法证据涉及激烈的利益冲突，对各种利益进行平衡、抉择就成为要求和可能。有学者提出，为将非法证据排除规则建立在各种冲突的最佳平衡点上，有必要将重大违法作为非法证据的实质性标准，而在确定取证行为是否构成重大违法时，既要对行为本身具体分析（如行为的方式、性质、情节；侵犯他人合法权益的严重程度；行为人是否有过错等），还要引入利益衡量的方法（即要将非法取证行为所要保护的合法权益，与非法取证行为造成的危害比较，还要将违法取证行为的严重程度、案件的重要程度、证据的重要程度进行对照，以确定哪一种权益更值得优先保护），同时还应考虑当事人的取证能力。

以重大违法为主要标准，同时赋予法官一定的自由裁量权来构建我国的民事非法证据排除规则受到学者的普遍推崇，目前理论界研究的重点集中在如何界定重大违法、法官自由裁量的权限以及自由裁量所要考虑的利益衡量等几个方面。如有学者就提出，当事人收集证据的行为违法性达到严重或重大的程度主要包括四种情形：①采用刑事违法行为所收集的证据，应予以排除；②采用侵犯他人人格权、隐私权、商业秘密权等重要民事权益的方式所收集的证据；③违背法律禁止性规定所收集的证据；④违反《保守国家秘密法》、违反公序良俗、采用有伤风化的方式所收集的证据。

（四）我国民事非法证据排除规则存在的问题

我国民事非法证据排除规则除上所述标准不明确外，还存在以下缺陷：

1. 排除范围过于宽泛

《证据规定》规定，凡是"侵害他人合法权益"或"违反法律禁止性规定的方法"所取得的证据都要排除。这一规定有不妥之处：

首先，设立民事诉讼的目的就是查明事实真相，保护当事人的合法权利，因此，任何民事诉讼制度或者规则的构建都应以保障民事诉讼目的的实现为目标。但是实体公正不应以牺牲程序公正为代价，所以，非法证据排除规则的构建就是要在程序公正和实体公正之间寻找一个平衡点。而《证据规定》简单地规定，凡是以侵害他人合法权益或者违反法律禁止性规定的方法所取得的证据一律排除的方法，有可能造成过分强调程序公正而不利于民事诉讼基本目的的实现。

其次，与民事诉讼中其他证据制度的规定和诉讼程序的设置无法实现更好的衔接。我国民事诉讼法虽然赋予了当事人有收集、提供证据的权利，但并未明确当事人取证的途径和手段，在对取证途径和手段缺乏相应规制的同时，也使得取证没有相应的法律保障。因此，一味强调"非法证据的一律排除"，这无疑给当事人造成举证困难，从而导致其实体权利不能充分而完整地实现。因此，在我国目前的证据收集制度下，对于非法证据一律地加以排除是不符合现有制度环境的。

2. 无法充分体现非法证据排除规则的价值目标

也就是说，虽然某一证据的取得途径与手段并无违反法律禁止取证的方法，但是如果要运用该证据却可能侵害他人或者第三人的宪法性权利或者其他合法权益。对于该类证据，能否因为它不违反《证据规定》第68条的规定就加以适用呢？答案应该是否定的。因为，如果在诉讼过程中采纳这类证据将会违反宪法规定的某些权利或者侵害他人的合法权益，因此，对这类证据也应有条件地加以排除。

3. 没有规定民事非法证据排除的例外情形

法律应明确规定，以"严重侵害他人合法权益"的标准应排除的非法证据，在出现某些特殊情形时，可以采纳为证据。例如，取证相对人默认的；对方当事人自认的；有利于对方当事人的等情形。当然，这三种例外情形都应在证据资料查明属实的基础上，才能采纳为认定案件事实的依据。

### 五、其他相关民事诉讼证据规则

#### （一）传闻证据规则

1. 传闻证据规则的概念

传闻证据规则又称传闻证据排除规则、传闻证据无效规则，是指陈述者在法庭外所作的陈述，除法律规定例外情形外，一律不得作为认定案件事实的根据，即传闻证据不具有可采性。即不得采纳他人先前陈述的证据，以证明该人陈述所宣称的事实。传闻证据必须具备两个要素：一是该陈述是在法庭审理之外形成的；二是提出该项陈述证据的目的是证明其主张事实的真实性。

2. 传闻证据的特点

作为传闻证据的陈述有以下几个特点：

（1）涉及两个陈述主体。传闻证据的陈述主体一个是亲身感知案件事实的人甲；一个是在庭审日以证人身份出庭作证的乙。

（2）涉及两个陈述环节。一个是亲身感知案件事实的甲在庭审日之前向乙所作的陈述；一个是乙以证人身份向法庭所作的陈述。

（3）传闻证据有缺陷，诉讼对方可以反对采纳传闻证据。

（4）传闻证据的证据效力存在差异。

3. 排除传闻证据的内在价值

根据传闻法则的要求，传闻应当排除不具有证据的适格性，不能认定为证据。设置传闻排除规则主要基于以下价值考虑：①传闻未经宣誓或通过正当程序予以确定；②传闻证明力低无异于浪费时间，或虽然有证明力却又存在导致偏见或产生混乱的危险；③传闻没有经过当事人之间的交叉询问；④传闻存在说谎的极大可能性，对方当事人又受到诸多条件的限制，难以将其予以揭露；⑤直接审理的要求。[1]证据制度的设置就是为了最大限度地发现案件的客观事实，有碍于此目的实现的，或者会误导法官对事实公正审理的证据当然应予以排除。

4. 排除传闻证据的例外

传闻证据规则原则上否定了传闻证据的可采性，但如果严格地排除所有传闻证据，有些事实将难以证明或不可能证明，审判也将无法进行，这显然对查明案件事实真相不利，因此为了实现诉讼的公平与合理，还必须为传闻证据规则设置例外规定。

传闻证据的例外，是指经过长期的司法经验积累，针对一些具有证据价值的传闻所作的规定，把它们作为传闻证据规则的例外，认定其具有证据能力。如果某项传闻证据符合传闻证据规则的例外规定，那么该项传闻就不被规则所排除，可以被法官采纳，从而进入事实审理程序。[2]

我国立法在设定传闻规则的同时，基于我国国情，对传闻证据设置了相应的例外规则。例如，鉴于证人出庭难问题，《证据规定》第55条第2款规定，证人在人民法院组织双方当事人交换证据时出席陈述证言的，可视为出庭作证。鉴于我国目前对证人出庭作证在法律规定上的空白，《证据规定》第56条规定，有以下情形之一的证人，不出庭作证的视为有正当理由：①年迈体弱或者行动不便无法出庭的；②特殊岗位确实无法离开的；③路途特别遥远，交通不便难以出庭的；④因自然灾害等不可抗力的原因无法出庭的；⑤其他无法出庭的特殊情况。并且，在出现上述情形时，经人民法院许可，证人可以提交书面证言或者视听资料或者通过双向视听传输技术手段作证。另外，鉴于我国目前鉴定制度中有相当一部分属于法定鉴定机构所作的鉴定，由其派员出庭作证存在相当难度，为此，《证据规定》第59条第2款规定，鉴定人确因特殊原因无法出庭的，经人民法院准许，可以书面答复当事人的质询。

其他例外情形还有：①有关公共利益的传闻证据；②有关职能部门的档案资料；③作出原始陈述的证人已经死亡；④对己不利的陈述；等等不

---

[1]　刘善春、毕玉谦、郑旭：《诉讼证据规则研究》，中国法制出版社2000年出版，第533～534页。

[2]　张永泉：《民事诉讼证据原理研究》，厦门大学出版社2005年版，第233页。

能排除。

（二）优先证据规则

1. 优先证据规则概念

优先证据规则，是指在特定情形下预先就某类证据的证明力优于其他证据直接加以规定的规则。我国《证据规定》第 77 条规定，人民法院就数个证据对同一事实的证明力可以依照下列原则认定：①国家机关，社会团体依职权制作的公文书证的证明力一般大于其他书证；②物证、档案、鉴定结论、勘验笔录或者经过公证、登记的书证其证明力一般大于其他书证、视听资料和证人证言；③原始证据的证明力一般大于传来证据；④直接证据的证明力一般大于间接证据；⑤证人提供的对与其有亲属或者其他密切关系的当事人有利的证言，其证明力一般小于其他证人证言。该条将不同的证据加以类型化，使某种证据在特定情形下应具有何种证明力加以明确的规定，这样既有利于法官在审判中更好地运用，也有利于社会各界对法官进行有效监督，以提高司法的公信度。

2. 优先规则的具体运用

（1）公文书证的证明力优先规则。公证书证，是指凡国家职权部门和单位在法定的权限范围内依职权所制作的文书。如结婚证、离婚证、治安裁决书等。

国家机关、社会团体依职权制作的公文书证的证明效力大于其他书证，主要考虑制作文书的主体具有管理社会的公共职能，通常站在社会的角度处理整个社会与个体的关系，从整个社会的整体利益来体现特定的社会关系及事项，其公信度显然高于私文书证。除非有证据证明公文书证制作主体超出其法定权限，以及主体在履行职能活动中存在违反法定程序等情形。在证明效力上，直至公文书证被证明系确实存在虚伪与瑕疵之前，应推定该文书具有法定的真实性。[1]

（2）原始证据的证明力优先规则。原始证据，是指直接来源于案件事实或者通过第一来源途径直接获得的证据，如合同原本、原始收据等。

原始证据突出的特征是从第一途径所获得的证据。因此，其与待证事实之间的距离最近，最能够客观地、真实地反映案件的原貌，能够最大程

---

[1] 王洪礼：《民事诉讼证据简论》，中国检察出版社 2007 年版，第 323～324 页。

度地接近案件事实本来面目。传来证据的来源具有间接性，其经过的中间环节越多，与案件事实的距离就越远，可靠性就越差。即传来证据产生矛盾和偏差决定了中间环节的多少以及在传递过程中有关主客观因素产生的作用和影响。

原始证据的证明力一般大于传来证据，这是由证据法上的最佳证据规则所决定的。但这种规定只有在同时存在原始证据与传来证据时才具有实质意义。

（3）证人提供的对与其有某种特殊关系的当事人有利证言的证明力一般小于其他证人证言。"证人提供的对与其有亲属或者其他密切关系的当事人有利的证言，其证明力一般小于其他证人证言。"这一规定表明，首先不能因为提供证言的证人与案件的当事人有利害关系而影响到其作证的资格，但证人提供的证言有利于一方当事人并且该方当事人与证人之间有利害关系，按照经验或常理判断，通常会被认为存在瑕疵。因此，其证据证明力自然小于其他证人的证言。[1]

（4）直接证据的证明力优先规则。直接证据，是指能够直接用以证明案件事实的证据。直接证据突出的特征是与案件中的待证事实具有直接联系，能够直接证明案件事实存在的证据。如侵犯身体权、健康权案件中，目击证人的证言就可以直接证明侵权事实的存在；合同的原件可以直接证明合同关系的存在。

间接证据是指与待证的案件事实之间具有间接联系，不能单独证明案件事实，因而需要与其他证据结合起来才能证明案件事实的证据。

直接证据能够单独证明案件事实，其证明力一般强于间接证据，运用它来认定案件事实也较为便捷。间接证据虽然不能单独用来证明案件事实，但也具有重要的证明作用。一方面可以用来补充直接证据效力，对案件事实起辅助性的证明作用；另一方面可以在缺乏直接证据的情况下，运用多个间接证明，形成证据链条，证明案件事实。

尽管直接证据的证明力一般大于间接证据，当事人应当尽量提出直接证据，法官也应尽量收集和运用直接证据，但是在无法获得直接证据，必须借助间接证据认定案件事实时，正确运用间接证据进行推理和判断，仍

---

[1]　王洪礼：《民事诉讼证据简论》，中国检察出版社 2007 年版，第 323～324 页。

然可以获得较强的证明力，并可以据以认定案件事实：①各个间接证据必须真实可靠；②间接证据须具备一定的数量，并构成完整的证据链条；③间接证据本身须具有一致性，相互之间不存在矛盾。在此基础上，法官也可以获得较为充分的心证。

（5）物证、档案、鉴定结论、勘验笔录或者经过公证、登记的书证的证明力一般大于其他书证、视听资料和证人证言。本项规定把证据的实质证明力分为两个档次：物证、档案、鉴定结论、勘验笔录或者经过公证、登记的书证，是第一档次；第二档次的证据是其他书证、视听资料和证人证言。其他书证，在这里指"档案"、"经过公证、登记的书证"以外的其他书证。第一档次证据的证明力一般大于第二档次的证据。所谓"一般大于"，就属于法律上的推定，允许因此规定而受到不利益的当事人反证推翻。至于同一档次的不同种类的证据，在证明同一待证事实时，哪一个证明力较大，这里并不涉及。

这一项规定的含义比较丰富，它包括以下情况：①物证的证明力一般大于其他书证，视听资料和证人证言；②档案的证明力一般大于其他书证、视听资料和证人证言；③鉴定结论的证明力一般大于其他书证、视听资料和证人证言；④勘验笔录的证明力一般大于其他书证、视听资料和证人证言；⑤经过公证的书证，其证明力一般大于其他书证、视听资料和证人证言；⑥经过登记的书证，其证明力一般大于其他书证、视听资料和证人证言。

物证，是以其外形、质量等物理状态存在的，客观性较强，伪造、改动也容易留下痕迹。档案是由官方机构收集、保管的对过去事件的记载，不易作假。鉴定结论是鉴定人提出的鉴定意见，勘验笔录是由司法机关的勘验人员制作的对物证或在现场观察到的情况的记载。由于法律上要求鉴定人、勘验人与案件没有利害关系，因此其陈述或制作的文件可靠性较大。经过公证的书证具有较高的证明力，这在民事诉讼法中已有明确规定，在没有证据足以推翻之前，应推定其为真实。上述司法解释都赋予了这些第一档次的证据有较高的证明力。

物证、档案、鉴定结论、勘验笔录或者经过公证、登记的书证的证明力一般高于其他书证、视听资料和证人证言，是因为这些第一档次的证据具有的共同特点，即在其形式效力得到确认的情况下，因为其采取了特定的形式，或由特定的机关制作或保管，具有以国家的名义保障的公信力，或具有专家技术经验上的权威，只要该证据经过质证，确认其具有形式上的证明力，当其内容与第二档次的证据的证明内容一致时，它的证明力就较后者为大。[1]

（三）补强证据规则

1. 补强证据规则的概念

补强证据规则，是指当某一证据由于其本身在某些方面存有瑕疵或弱点，必须有另一证据作为佐证支持，方可证明案件事实的存在的规则。

补强证据规则是数量规则的一种。数量规则，是指某一证据存有弱点，须有其他证据合并提出的规则。对那些属于单一的证据，但其本身又缺乏应有的证明价值的证明材料，需对其从数量上加以补强，即从数量上来强化该证据的证明价值。补强证据不能直接证明案件事实，但可以证明主要证据的可靠性，从而增强或保证主要证据的证明力。

补强规则的适用增加了当事人的证明负担，如果法官认为当事人所提供的证据证明力不完全，就需要当事人补充佐证。补强规则的适用是对法官自由心证的限定而非完全排斥，其要求法官对某些存有缺陷的证据，不能单独作为认定案件事实的依据。

2. 补偿证据规则的适用条件

补强规则在适用时需具备以下几个条件：

（1）某一证据已经具有证据能力，即具有证据资格。补强证据规则只涉及证据的证明力，不涉及证据能力。补强规则是以某证据具有证据能力为前提条件的，只是这种证据的证明力有某种缺陷，使其与待证事实之间的证明强度较弱，影响了证明效力，这种薄弱是法官的内心确信上的主观反映。

（2）某一证据存有缺陷。证据的缺陷是多种多样的，如证人未成年；证人与当事人有某种利害关系；证人无正当理由不出庭作证；存有疑点的视听资料；无法与原件、原物核对的复印件、复制品等等。

（3）该证据存有的缺陷足以影响证据的证明力，即证据没有完全的证

〔1〕 李国光主编：《最高人民法院〈关于民事诉讼证据的若干规定〉的理解与适用》，中国法制出版社2002年版，第477～481页。

明力。不足以影响证据证明力的缺陷，就不需要适用补强规则。如证人表达能力的强弱、复制技术的高低、书证中无关紧要的变动等。

（4）需要补充一定数量的证据来克服该证据的缺陷。补强证据有两个特征：①该证据可以采纳并与争热点无关；②佐证独立于所证实的证据。

3. 补强证据规则的适用情形

我国《证据规定》第 69 条规定，下列证据不能单独作为认定案件事实的依据：①未成年人所作的与其年龄和智力状况不相当的证言；②与一方当事人或者其代理人有利害关系的证人出具的证言；③存有疑点的视听资料；④无法与原件、原物核对的复印件、复制品；⑤无正当理由未出庭作证的证人证言。这一条规定就是补强规则的具体适用情形，即该证据必须和补强证据结合才能作为定案的依据，如果没有证据对其进行补强，其自身不能作为定案的依据。

（1）未成年人所作的与其年龄和智力状况不相当的证言。我国法律不禁止未成年人作为证人，只要求待证事实与未成年人的年龄和智力状况相适应即可。如果不相适应，证人证言的证明力会令人怀疑，如果要适用该证据，就必须适用补强证据规则。

（2）与一方当事人或者其代理人有利害关系的证人出具的证言。与一方当事人或者其代理人有利害关系的证人出具的证言需要有其他证据进行佐证。这里的利害关系包括亲属关系、朋友关系、乡邻关系等，也包括仇敌关系、竞争关系等。如果提出主张的一方当事人仅提供由其亲朋好友对其有利的证言的，则按补强证据对待。

（3）无正当理由未出庭作证的证人证言。一般而言，出庭作证的证人证言的证明力，大于未出庭作证的证人证言；有正当理由未出庭作证的证人证言的证明力大于无正当理由未出庭作证的证人证言。因为，无正当理由未出庭作证的证人，违反了法定出庭作证义务，其证言未经质证，违背了言词原则，故将其列入存有瑕疵的证据范围，适用补强规则。

（4）存有疑点的视听资料。《民事诉讼法》第 69 条规定，法院对视听资料，应辨别真伪，并结合本案其他证据，审查确定能否作为认定事实的根据。《证据规定》第 69 条规定，存有疑点的视听资料不能单独作为认定案件事实的依据。因为，视听资料具有易被剪辑、加工、伪造等特征，故存有疑点的视听资料列入了存有瑕疵的证据范围，适用补强规则。

（5）无法与原件、原物核对的复印件、复制品。《民事诉讼法》第68条规定，书证应当提交原件；物证应当提交原物。提交原件或者原物确有困难的，可以提交复制品、照片、副本、节录本。提供原件或原物对于保证证据的可靠性，查明案件事实真相具有重要意义。如果在实践中原件或者原物已经灭失或者毁损，则提出原件的责任可以免除而以复印件或者复制品来代替，但是必须要有佐证证明复印件或者复制品与原件或者原物一致，以避免存在欺诈的风险，故无法与原件、原物核对的复印件、复制品列为存有瑕疵的证据范围，适用补强规则。

（6）民事诉讼中其他应当适用证据补强规则的情形有：①精神有障碍的人所作的证言；②有个人目的的人所作的证人证言；③具有不良品格的人所作的证人证言等。

**本章思考题**

1. 何为可采性规则？
2. 何为排除规则？
3. 何为最佳证据规制？

# 第五章
## 证明对象

**导语：**证据不可能自发地证明案件的事实。证据只有借助于人们的具体运用，并且与一定的待证对象连接起来，才能发挥其内在的证明作用。

民事诉讼的证明，是民事诉讼证据的重要组成部分，是法院和当事人运用证据证明案件事实的活动。"证明主体（一般包括当事人和法院）、证明手段（诉讼证据）、证明对象（待证事实）是证明活动的三个必备要素。"[1]证明主体不同，其证明目的也不相同。对法院而言，证明的目的是确认争议事实的真伪，获得案件裁判的事实根据；对当事人而言，证明的目的一方面是为了支持自己主张的事实成立，另一方面是为了说服法官认可自己主张的事实，从而作出有利于己方的裁判。[2]

## 一、证明对象的概念

证明对象，是指民事诉讼中需要用证据加以证明的案件事实。案件事实在法院裁判之前总是处于不明状态，需要等待证明主体运用证据加以证明，故证明对象亦称为待证事实。

在民事诉讼中，原告提出的诉讼请求所依据的事实和理由，被告对原告的诉讼请求所进行的答辩、反驳和提出反诉所依据的事实和理由，第三人提出的诉讼请求所依据的事实和理由，以及人民法院认为需要用证据加

---

〔1〕 柴发邦主编：《中国民事诉讼法学》，中国人民公安大学出版社1992年版，第326页。

〔2〕 参见江伟主编：《民事诉讼法》，高等教育出版社2005年版，第156页。

以证明的其他事实，都是需要运用证据加以证明的。

由于民事案件情况复杂，每个案件都有其特点，所以证明对象也不一样。针对具体的民事案件，首先要明确证明对象是什么，这对法院和当事人来讲都是非常重要的。对法院来讲：明确证明对象，就明确了证据调查的范围和审理的对象；对当事人来讲：明确证明对象，就明确了收集、提供证据，进行质证辩论的范围。

### 二、证明对象的范围

民事诉讼中的证明对象一般包括以下几个方面：

（一）当事人主张的实体法律事实

这主要是指当事人主张的某项事实是被实体法所规定的法律事实。实体法律事实能够引起当事人之间的民事法律关系发生、变更或消灭，或者妨碍民事权利义务关系的产生，实体法律事实关系到诉讼当事人的实体权利义务，也关系到法院对案件实体争议的处理，因此，在以解决民事权利义务争议为直接目的的民事诉讼中，实体法律事实就成为主要的证明对象。

具体而言，实体法律事实包括：①当事人之间产生民事权利义务关系的法律事实，比如结婚登记、遗产继承、合同签订等。②当事人之间变更或消灭民事权利义务关系的法律事实，如合同变更、合同解除、离婚登记、收养关系的解除等。③妨碍当事人民事权利行使和义务履行的法律事实。如权利或义务主体丧失行为能力、合同内容违法、不可抗力的发生等。④当事人之间民事权利义务发生纠纷的法律事实。比如是否构成侵权的事实，一方主张赔偿另一方不同意赔偿的事实等。这些事实是案件实体法律事实的主要组成部分，也应属于诉讼的证明对象。

（二）当事人主张的程序法律事实

当事人主张的该项事实被程序法所规定，是指能够引起民事诉讼法律关系发生、变更或消灭的法律事实。虽然这些事实不直接涉及当事人的实体权利义务，但在具体案件中若不加以证明，则直接影响民事诉讼活动的顺利进行，从而影响案件的公正与效率，因而，程序法律事实也是证明对象之一。

具体而言，程序法律事实包括：①当事人是否适格，诉讼中有无需要更换或追加的当事人，这些事实应在案件审理前予以确认；②民事案件的主管和管辖问题，如果当事人对此提出异议，就必须予以证明；③有关审判组织是否合法以及审判人员是否应当回避的问题；④有关审判形式是否合法，如审判是否应当公开的问题；⑤有关是否应当采取强制措施的问题；⑥其他违反法定程序规定的事实。

（三）证据事实

证据事实，就是指可能成为定案根据的事实。证据必须具备真实性、关联性、合法性，才能成为定案的根据。在民事诉讼中，如果某些证据的真实性、关联性、合法性存在争议或受到质疑，如证据本身的真伪不明、证据之间相互矛盾、证据所证明的事实与本案无关、证据被伪造等，在这种情况下，就需要借助其他的证据来加以证实，通过排除矛盾，使案件建立在可靠的事实认定基础之上。根据民事诉讼法的规定，证据必须经过查证属实，才能成为定案的根据，因此，证据本身也可能成为证明对象。

（四）外国法律、地方法规

法官在审理案件过程中，对于国内法，应遵从"法官知悉法律"的原则，当事人不承担证明的义务；即使不知，法官也可以依职权进行调查了解。因此，一般情况下，案件所适用的法律是否存在及其内容，并不需要当事人加以证明。但对外国法、地方性法规，法官则未必了解，因此就需要当事人对此加以证明。对于外国法、地方性法规的证明，一般地，只要将外国法律或地方性法规出示出处并就其合法性加以证明，就可以达到证明的目的了。

（五）经验法则

经验法则，是指人们从日常生活经验中归纳获得的关于事物因果关系或属性状态的法则或知识。[1]它包括生活常识、生活经验、科学知识、科学原理、科学定理等。关于经验法则是否属于证明对象，不能一概而论。日常生活领域内的经验法则，为一般人所知晓，具有公认性的，无需证明；不为一般人所知晓的专门知识领域的经验法则，如果用来证明待证事实，且审判员对之也不了解时，主张的一方当事人应当加以证明，此时的经验法则应当成为证明对象。

---

[1] 张卫平：《民事诉讼法教程》，法律出版社2008年版，第79页。

### 三、无需证明的事实

无需证明的事实，又称免证事实，是指不需要采用证据加以证明的事实。

我国民事诉讼法对无需证明的事实，没有明文作出规定，但最高人民法院《民诉意见》和《证据规定》对此作了补充性的规定。根据最高人民法院的规定，无需证明的事实包括两大类：一类是诉讼上自认的事实，另一类是其他无需证明的事实。

（一）诉讼上自认的事实

1. 自认的含义

诉讼上的自认，是指在民事诉讼中，一方当事人对另一方当事人陈述的案件事实明确表示承认的，另一方当事人无需举证。但涉及身份关系的案件除外。

比如原告在诉讼中陈述：被告晚间施工噪音大，严重影响其正常休息，致使其血压升高不能正常工作且花去医疗费 500 元，要求被告停止晚间施工并赔偿损失，被告对原告陈述晚间施工事实的承认就是诉讼上的自认。

诉讼上自认的对象必须是案件的事实，而且是案件的主要事实。对于当事人适用和解释法律方面的陈述，则不属于自认的范畴。因为如何适用和解释法律是法官的审判职责，不受当事人对法律认知的局限。

诉讼上的自认不同于诉讼外的自认。诉讼外的自认是指当事人在诉讼活动以外对案件事实的承认，包括在诉讼外向对方当事人或案外人作出的承认，以及在调解活动中作出的承认。诉讼外的自认，不能成为免除当事人举证责任的法定事由，而诉讼上的自认则可以免除当事人的举证责任

诉讼上的自认不同于对诉讼请求的承认。对诉讼请求的承认虽然也会产生作为诉讼请求所根据的事实无需证明的情形，但二者有明显的区别。前者是对案件事实的承认，后者则是对请求的承认；前者未必导致自认一方败诉，因为自认一方往往会提出新的事实进行抗辩，后者可导致法院根据对诉讼请求的承认作出承认一方败诉的判决。

在诉讼中，设置自认制度的目的在于降低诉讼的成本，其主要依据是民事诉讼法的处分原则。

2. 自认的条件

在民事诉讼中，自认必须是一方当事人对另一方当事人所主张的对己不利的事实的承认。据此，自认应当具备下列条件：

（1）自认必须发生在民事诉讼的过程中。即自认应发生在起诉至最后一次法庭辩论结束前这段时间，主要发生在证据交换和法庭审理过程中，此外，《证据规定》第74条的规定："诉讼过程中，当事人在起诉状、答辩状、陈述及其委托代理人的代理词中承认的对己方不利的事实和认可的证据，人民法院应当予以确认，但当事人反悔并有相反证据足以推翻的除外。"因此，当事人在诉讼以外或其他纠纷解决方式中的承认，则不属于诉讼上的自认。

（2）自认必须是当事人在诉讼中对不利于己的事实的承认。一方当事人对另一方当事人所主张的案件事实的承认，一般是对自己不利的案件事实，会产生对自己不利的诉讼后果，往往表现为承认对方当事人负有举证责任的事实，这个意义上的承认，才称为自认。

（3）自认必须是当事人向法院作出的承认。即当事人向审理该案的法官或其他相关人员（比如本案的书记员）作出的对案件事实的承认，故对方当事人是否在场，并不影响自认的效力。

（4）自认必须采取明示或默示的方式承认。《证据规定》第8条规定："诉讼过程中，一方当事人对另一方当事人陈述的案件事实明确表示承认的，另一方当事人无需举证。但涉及身份关系的案件除外。对一方当事人陈述的事实，另一方当事人既未表示承认也未否认，经审判人员充分说明并询问后，其仍不明确表示肯定或者否定的，视为对该项事实的承认。当事人委托代理人参加诉讼的，代理人的承认视为当事人的承认。但未经特别授权的代理人对事实的承认直接导致承认对方诉讼请求的除外；当事人在场但对其代理人的承认不作否认表示的，视为当事人的承认。当事人在法庭辩论终结前撤回承认并经对方当事人同意，或者有充分证据证明其承认行为是在受胁迫或者重大误解情况下作出且与事实不符的，不能免除对方当事人的举证责任。"

根据上述规定得知，自认包括当事人的明示承认、当事人的默示承认和诉讼代理人的承认。

3. 自认的效力

自认的效力即自认所产生的法律后果，一般地表现为两个方面：一方面对当事人具有约束力；即承认对方当事人陈述的案件事实，就免除了对方当事人对该项事实的举证责任，并且自认一方除了法律特别规定外不得任意撤销自认。另一方面对法院具有约束力；即对于当事人自认的事实，法院应予以确认并以此作为裁判的基础，无需另行查证。

4. 自认的撤回

自认的撤回，是指当事人向人民法院提出请求否认之前的自认行为的活动。在通常情况下，当事人在诉讼中作出自认后，是不允许撤回的。因为当事人随意撤回自认，既有悖于诚实信用原则，又破坏了诉讼程序的安定性，可导致诉讼的效率降低，同时可能令对方当事人丧失举证、质证的良机或条件，造成诉讼的不公和权利的不对等。因此，自认具有不可撤回性。但是，下列两种情况下的自认可以撤回：①在法庭辩论终结前，经对方当事人同意，当事人请求撤回自认的，应当允许；②当事人有充分而正当的理由证明其行为是在受到胁迫或者有重大误解的情况下作出的与事实不符的自认，应当被确定为无效。

（二）其他无需证明的事实

根据《证据规定》第9条的规定，下列事实，当事人无需举证证明：

1. 众所周知的事实

所谓众所周知的事实，是指在一定范围内为法官和社会大众所知晓的事实，比如，在一定范围内发生的重大自然灾害、重大历史事件、少数民族的风俗习惯等。如果案件中涉及众所周知的事实，则该项事实无需举证证明。但是，如果一方当事人主张众所周知的事实，被另一方当事人提出相反的事实所推翻，则主张众所周知事实的一方当事人，对其主张仍需举证证明。

2. 自然规律及定理

所谓的自然规律，是指客观事物在特定的条件下所发生的本质联系和必然趋势的反映。比如日出东方、日落西方。所谓定律，是指在科学上于特定条件下已被反复证明，属于一定变化过程中的必然联系，因而被人们普遍采用作为原则性或者规律性的命题或公式。比如数学、物理、化学中的各种公式和定理。如果案件涉及自然规律和科学定理，当事人则无需举

第五章

证证明。

3. 推定的事实

所谓推定的事实，是指根据法律规定或者已知事实和日常生活经验法则，能推定出的另一事实。

推定可以分为两类：事实上的推定和法律上的推定。所谓事实上的推定，是指法官利用经验法则和已知的事实，推定出未知事实的一种证明规则，也称为"裁判上的推定"。事实推定需要满足下列条件：①须有可以作为推定的事实基础，即用什么样的事实进行推定；②作为推定的事实必须是真实的，反之以虚假事实进行推定，其结果必然虚假；③推定事实与推定结果之间应有必然的联系；④需要推定的事实无法直接证明。

所谓法律推定，是指根据法律规定以某一事实为基础，推定另一事实存在的一种证明规则。比如，根据父母子女之间的关系，可以推定父母死亡后，子女享有继承权。当然，有相反证据证明的除外。一般情况下的法律推定，是根据法律直接规定某事实的存在为前提而推出另一事实的存在，因此无需举证证明。

4. 已为人民法院发生法律效力的裁判所确认的事实

已为人民法院发生法律效力的裁判所确认的事实，是指本案中所涉及到的某一事实已经被另一案件的生效裁判所确定，该事实则无需举证证明，这种情形在诉讼法上称之为预决的事实。比如被告人在刑事判决中被认定合同诈骗的事实，在之后被害人提起的民事诉讼中，有关诈骗的事实无需举证证明，即刑事判决中认定的事实对民事赔偿有预决的效力。例外的情况是，如果本案的当事人有相反的证据足以推翻生效判决所认定的事实或生效判决被法院撤销了，在此情况下，当事人仍应举证证明。

5. 已为仲裁机构的生效裁决所确认的事实

仲裁机构生效的裁决与法院生效的裁判具有同样的法律效力，因此，已为仲裁机构的生效裁决所确认的事实，属于预决的事实，对诉讼中的事实有预决的效力。所以，在诉讼中如果有此事实，当事人也无需举证证明，除非有相反的事实足以推翻生效的仲裁裁决。

6. 已为有效公证文书所证明的事实

公证，是指公证机构根据当事人的申请，对法律行为、法律事实和文书的真实性、合法性，依法进行证明的活动。公证文书，是公证机构依照法定的程序对有关的法律行为、法律事实和文书予以证明所出具的法律文书。公证书一经作出，即具有法律效力。在诉讼中如果涉及有关公证文书所证明的事实，依照民事诉讼法的规定，人民法院应当作为认定事实的依据，即当事人无需举证证明，除非有相反证据足以推翻公证证明。

**思 考 题**

1. 何为证明对象？其特征有哪些？
2. 证明对象的范围有哪些？

第五章

# 第六章

# 证明责任

**导语：** 证明责任问题是民事诉讼制度的重要内容之一，其一直受到各国审判机关的重视，同时，它也是各国民事诉讼法学和证据学理论研究的核心课题之一，素有民事诉讼脊梁之称，堪称是民事证据制度中永恒的主题。

证明责任问题贯穿于民事诉讼活动的全过程。诉讼一开始，就应明确案件事实的证明责任应由哪一方当事人负担，以便当事人收集和提供必要的证据。在庭审进程中，证明责任关系到当事人的举证问题，即当证据不足时人民法院应要求哪一方当事人补充证据的问题。在诉讼终结前，如果争议的案件事实仍处于真伪不明状态时，人民法院只能依据证明责任的负担来对案件作出正确的裁判。由此可见，证明责任在民事证据制度中地位之重要性。

## 一、证明责任的概述

### （一）证明责任的概念

证明责任，是指在民事诉讼中，应由当事人对其主张的事实提供证据并予以证明，若诉讼终结时根据全案证据仍不能判明当事人主张的事实真伪，则由该当事人承担不利的诉讼后果。

当前我国民事诉讼理论界，对证明责任的含义的解释呈现出多样化的格局。主要有以下三种：

1. 行为责任说

该学说认为证明责任，就是当事人提供证据责任。即指当事人要求人民法院就其主张作出裁判，对主张的事实承担的举出证据的证明责任。这种观点在我国民事诉讼理论界至今仍占主导地位，大多数民事诉讼法教材都是这样解释证明责任的。

2. 结果责任说

该学说认为："不同诉讼体制中的证明责任的含义大同小异。在法院作出终局裁决以前，一定事实是否存在难以确定的情况，例如一个行政处理的案件是否充足的事实不明，是假定有关事实存在而承认处理决定的效力呢，还是假定有关事实不存在而否认处理决定的效力？是对原告人作出不利判决，还是对被告行政机关作出不利判决？对于这些问题法律必须预先作出规定，否则，法院将无从作出判决。这种由法律预先规定，在事实的真假虚实难于确定的情况下，由一方当事人承担风险及不利后果的法律假定，叫做证明责任。"[1]结果责任说实际是从败诉风险的角度说明证明责任，所以又称败诉风险说。

3. 双重含义说

双重含义说认为应当从行为和结果两个方面来解释证明责任。即"证明责任具有双重含义：行为意义上的证明责任和结果意义上的证明责任。前者指当事人对所主张的事实负有提供证据证明的责任；后者指在事实处于真伪不明状态时，主张该事实的当事人所承担的不利诉讼结果。这种不利的诉讼结果既表现为实体法上的权利主张得不到人民法院的确认和保护，又通常表现为因败诉而负担诉讼费用。"[2]

（二）证明责任的表现形态

证明责任在诉讼的不同阶段具有不同的表现形态：

1. 在诉讼开始时

由于当事人主张的事实处于真伪不明状态，证明责任表现为当事人负担的承受潜在不利诉讼结果的危险。为了打破这种真伪不明状态，使诉讼朝着对自己有利的方向发展，当事人不得不向法院提供证据。于是，证明责任表

---

〔1〕　熊先觉主编：《中国行政诉讼教程》，中国政法大学出版社 1988 年版，第 120～121 页。

〔2〕　李浩："我国民事诉讼中证明责任含义新探"，载《西北政法学院学报》1986 年第 3 期。

现为提供证据的责任。例如，我国《民事诉讼法》第 110 条第 3 款规定，原告在起诉书中必须载明证据和证据来源、证人的姓名和住所。被告在答辩状中如主张新的事实，也应载明证据和证据来源，证人的姓名和住所。

2. 在证据交换过程中

如当事人提供的证据不充分，应提供补充证据。

3. 在诉讼终结前

根据当事人提供的证据，如果事实的真伪尚未得到证明，证明责任就会表现为不利的诉讼结果。主张该事实，或者反驳诉讼请求的当事人，就会因事实得不到法院的认定而败诉。

（三）我国证明责任制度的演进

民事诉讼制度是以当事人的证明行为和法官的审判行为为轴心构建起来的纠纷解决机制，从原告起诉，至法院作出裁判，证明贯穿于整个过程，可以说证明责任是整个民事诉讼的"脊梁"。1982 年我国《民事诉讼法》（试行）首次规定"当事人对自己提出的主张，有责任提供证据。"但在职权主义的诉讼模式下，司法实践中仍然是法院调查收集证据。1991 年《民事诉讼法》第 64 条第 1 款仍只规定"当事人对自己提出的主张，有责任提供证据"，这是立法上的一大欠缺，该规定不仅混淆了证据提出责任和证明责任的界限，而且也忽略了证明责任的本质属性，即提供证据的责任，只是证明责任的外在表现形式，它不能等同于证明责任本身。2002 年《民事诉讼证据规定》第一次较明确地规定了证明责任的含义包括行为意义和结果意义两个方面的内容。但该司法解释没有规定主张责任。

证明责任理论是一个理论体系，既包括结果意义证明责任，也包括行为意义证明责任，还包括主张责任。

## 二、结果意义上证明责任的概述

（一）结果意义上证明责任的概念

结果意义上的证明责任，是从败诉风险或承担不利诉讼结果的角度说明证明责任。[1]对这一概念的理解应注意以下几方面的问题：

第一，证明责任作为裁判基础的法律要件事实处于真伪不明状态时引

---

[1] 李浩:《民事证明责任研究》，法律出版社 2003 年版，第 18 页。

起的诉讼上的风险。在诉讼中法官是依据已查明的事实作出裁判的,当案件事实真伪不明时,就假定该事实存在或不存在而作出裁判,使一方当事人负担裁判所引起的不利后果,即哪一方当事人对要件事实负证明责任,便将真伪不明引起的败诉后果判归他承担。结果意义的证明责任的目的在于供法官解决案件事实真伪不明之时的疑难案件,因为,在诉讼程序结束时,如果案件的要件事实处于真伪不明的状态,法官既不得任意裁判,也不得拒绝裁判,其只能根据证明责任的负担确定案件的败诉结果。

第二,证明责任虽然要到要件事实真伪不明时才产生实际结果,但这种责任在诉讼发生前就已经依据实体法的规定分配给双方当事人,使当事人一进入诉讼就感受到它的压力。

第三,证明责任只能由一方当事人负担。即证明责任不能由双方负担,否则,当事实出现真伪不明时,法官就无法依据证明责任作出裁判。另外,证明责任是同当事人相关的概念,虽然法官在特殊情况下也会依职权调查收集证据,但在任何情况下,法官都不会承担事实真伪不明所引起的不利裁判结果。

第四,证明责任存在于任何诉讼模式之中。无论是当事人主义的诉讼模式中,还是职权主义的诉讼模式中,都涉及证明责任的问题。

(二) 结果意义上的证明责任的法律功能

证明责任是民事诉讼中的一项重要制度,其功能表现在以下几个方面:

1. 为法院处理事实真伪不明情形提供依据

在事实真伪不明时,证明责任不仅成为判决正当化的依据,而且决定了法院应当判决哪一方当事人败诉。对法官来说,只有分清了由哪一方当事人负证明责任,才能够对案件作出正确的判决。

2. 为当事人围绕事实展开攻防提供依据

在民事诉讼中,双方当事人处于对抗状态,原告是提起诉讼的一方,处于攻击者的位置,应向法院主张作为诉讼请求依据的事实,被告则处于防御者的位置,应主张反驳诉讼请求所依据的事实。例如,在合同诉讼中,主张合同权利存在的一方当事人只须就订立合同的事实负证明责任,而欺诈、胁迫、重大误解等导致合同被撤销的事实要由否认合同权利的一方负证明责任。正是因为证明责任在诉讼发生前已经按照一定的标准分配于双方当事人，原、被告才能够围绕着事实问题有序地展开攻击和防御。

3. 为指导当事人的证明活动提供依据

为了指导当事人收集和提供证据，法院在受理案件后应向当事人送达举证通知书，举证通知书是以证明责任分配原则为依据在双方当事人之间分配证明责任的。

4. 为确定由哪一方当事人首先提出证据提供依据

在诉讼中应由哪一方当事人首先提出证据这一程序问题与证明责任的负担有密切的关系，因为在证明开始时，提供证据的责任与证明责任是同属于一方当事人，即由负有证明责任的一方当事人首先提供证据。

5. 为确定本证与反证及调查证据顺序提供依据

本证与反证的分类标准正是证明责任，本证是负有证明责任一方当事人提出的证明待证事实的证据；反证是对待证事实不负证明责任的一方当事人为削弱、动摇本证证明力提供的证据。在本证与反证均已提出的情况下，法官应当先调查本证，如果本证的证明力很弱，明显达不到证明标准，就没有必要再对反证进行调查。

6. 为确定诉讼上的自认提供了依据

如果当事人向法庭确认的是自己负证明责任的事实，因该事实对自己有利而不能构成自认，只有向法院确认由对方当事人负证明责任的事实，才能构成诉讼上的自认。

7. 为法院正确评价当事人的证明情况提供依据

在诉讼中法官要对双方当事人提出的证据进行评价，以确定哪一方当事人在证据方面占优势。在评价时，对负证明责任的当事人与不负证明责任的当事人的评价标准是不同的。对于前者，证据的证明力须达到高度盖然性才能使法院作出对其有利的认定；而对于后者，只要提出的反证动摇了本证的证明力即可，即使争议事实陷于真伪不明状态就可以使法院作出对其有利的认定。

8. 为预测诉讼的结果提供依据

当事人在起诉前需对纠纷进行评估，看自己究竟有多大胜诉的把握。证明责任是评估时要考虑的重要因素之一，当争议事实难以证明时，证明责任由哪一方当事人负担其败诉的风险越大。

以上八个方面，是证明责任在民事诉讼中的功能。

（三）事实真伪不明现象存在的理论依据

我国民事诉讼法虽然规定法院在必要时依当事人申请甚至依职权调取证据，但在实践中依然存在案件事实真伪难以确定的情况，从理论上分析，该情况的产生主要有以下几方面的原因：

1. 审判人员对案件事实的认识受到证据材料的限制

法官在诉讼中面对的是以往的案件事实，由于时间的不可逆性使得发生在诉讼前的事实不会原原本本地重现于法庭，法官能否正确地认识案件事实，取决于能否收集到必要的证据材料和能否对证据材料作出正确的判断。如果当事人能在诉讼中积极提供证据，证人能如实地向法庭陈述耳闻目睹的事实，案件事实就能查清，否则，查清案件事实真相就会非常困难。

2. 审判人员对案件事实的认识受到证据合法性的限制

证据既要具备客观性、关联性，还要符合合法性的要求。如法律对某些证据有特定要求时，其必须符合法律的特定要求。例如，《民事诉讼法》第68条规定，当事人以书证作为证据时一般应提交原件。还有收集证据的活动必须合法等，对证据提出合法性的要求是合理的、必要的，但其确实缩小了法院在诉讼中可以运用的证据范围，有时甚至会成为事实难以查清的直接原因。

3. 审判人员对案件事实的认识受到审理期限的限制

审限的存在要求法官对案件事实的认识必须在一定的期限内完成，并对案件作出明确的结论，其在一定程度上增大了查明案件事实的难度。

4. 审判人员对案件事实得出真假难辨的结论是一种正常的认识状态

法官在证据充分，足以表明争议的案件事实存在或不存在时，其就会作出案件事实真实或虚假的结论；但在证据不足，无法断定时，其就会合乎逻辑地作出事实真伪不明的结论。

上述几方面的原因表明，虽然法院可以依当事人申请，或依职权调查收集证据，但也有收集不到认定案件事实所必需的证据的时候，所以就会出现争议事实真伪不明的状况，就需要运用证明责任作出裁判。

（四）事实真伪不明现象存在的实践依据

从我国民事审判实践看，存在案件事实真伪难以确定的情况主要有以下几方面原因：①人们在实施民事法律行为时常采用口头形式；②一些事实发生时几乎未留下证据或所留证据甚少；③争议事实历时太久，虽然民法通则规定了时效制度，但诉讼时效中最长诉讼时效有20年的规定，又有

第六章

时效中断的规定等；④证人不作证或作伪证等。

（五）我国审判实践中处置事实真伪不明现象的方法

从我国民事审判实践看，处理案件事实真伪不明的做法有以下三种：①采取调解的方式处理；②采取拖延的方式处理；③采取各打五十大板的方式处理。以上三种处理方式都不合理。

所以，应运用结果意义上证明责任理论，当证明某事实存在与证明其不存在的证据势均力敌，导致事实真伪不明时，负证明责任的当事人应承担败诉的风险。例如，一起房产继承纠纷，原告称其母生前留有遗嘱，该房屋归其继承，被告则否认遗嘱的真实性。诉讼中，原告方向法院提交了由原告人书写，盖有被继承人印章的遗嘱，以及当时在场照顾被继承人保姆出具的证明，该证明证实遗嘱是按照被继承人的真实意愿所立。而被告方也向法院提交了同是由该保姆出具的否认遗嘱是被继承人真实意思表示的证明材料。当法院找保姆了解情况时，保姆已去向不明，无从查找。本案中，双方当事人提供的证据势均力敌，导致事实真伪不明，故只能由负有证明责任的原告承担不利的诉讼后果。

（六）减少依证明责任下裁判的对策

案件争议事实真伪不明是法院不得不依据证明责任作出判决的原因，为了尽可能减少出现事实真伪不明状态，减少依证明责任下判决，应采取以下措施：

1. 完善关于民事法律行为形式的规定

在民事实体法中明确规定形式要件，如有些国家的法律规定一定数额以上的赠与、借贷等合同，必须采用书面形式订立，否则将导致合同无效。

2. 增设对违反作证义务的人适用强制措施的规定

即在民事诉讼法中明确规定，对违反作证义务的证人可以适用强制措施，如拘传、罚款等。

3. 增设当事人必须正当进行诉讼的规定

正当进行诉讼是诚实信用原则在民事诉讼活动中的体现，它要求当事人在诉讼中应据实陈述。不得故意提出一些根本不存在的"事实"进行争执，也不得故意否认对方主张的确实存在的事实。应规定法院对违背诚实信用原则的当事人采取罚款等强制措施。

4. 强化当事人的证据意识

强化当事人的证据意识，无论对当事人维护自身的合法权益，还是对法院查明案件事实都会起到积极的作用。

5. 适当放宽证据合法性的要求

因为排除非法证据与发现案件真实是存在矛盾和冲突的。如果被排出的是当事人赖以证明其主张事实的惟一的或主要的证据，排除非法证据就意味着负担证明责任的一方当事人举证失败，意味着法院不得不按证明责任分配的原则判决该方当事人败诉。所以，为了有助于发现真实，为了实现保护当事人合法民事权益，制裁民事违法行为，维护国家民事法律秩序的民事诉讼目的，对证据合法性的要求不宜过分严格。

6. 大胆采用新技术手段

在民事审判实践中，大胆地采用新技术手段有助于减少案件事实真伪不明的状态，从而减少法院依证明责任下裁判的机会，如测谎技术等，现有一些地方法院已开始使用。

7. 适当降低证明要求

降低证明标准，也是减少案件事实真伪不明状态方法之一，其也可以减少法院依证明责任下裁判。

### 三、行为意义上的证明责任的概述

（一）行为意义上证明责任的概念

行为意义的证明责任，是指当事人向法院提供证据的责任，是从当事人提供证据行为的角度解释证明责任，把证明责任解释为当事人为避免败诉，有向法院提供证据的必要。[1]提供证据责任在民事诉讼中是不可缺少的，其原因有以下六个方面：

1. 我国民事诉讼法和最高人民法院的司法解释均规定了这一责任

《民事诉讼法》第 64 条第 1 款规定：当事人对自己提出的主张，有责任提供证据。《证据规定》第 2 条第 1 款规定：当事人对自己提出的诉讼请求所依据的事实或反驳对方诉讼请求所依据的事实有责任提供证据加以证明。上述规定表明法院对事实的判断和认定主要建立在当事人自己提供

---

[1] 李浩：《民事证明责任研究》，法律出版社 2003 年版，第 20 页。

的证据的基础之上。

2. 提供证据责任本身具有独立性

提供证据责任相对证明责任而言，既有依附性的一面，又有独立性的一面。负有证明责任的一方当事人为避免败诉需要向法院证明，并在发生争议时首先提供证据，这表现了它的依附性，但不负证明责任的一方当事人也可能负担起提供反证的责任，这一反证责任并非源于证明责任，它是单独发生的、独立存在的。

3. 需要运用提供证据责任这一概念来制定法院是否对当事人提出的证据进行调查

负有证明责任的一方当事人未能提供证据证明其主张的事实是真实的或者举证明显不足的，尽管对方当事人向法院提供了证明该事实不真实的证据，法院也不必对该证据进行调查。因为在此种情形下，否认事实的一方并无举证的必要，否则会由于时间和费用的额外支出造成当事人程序外利益的损失。

4. 需要提供证据责任的概念促使当事人举证

在民事诉讼中，提供证据的责任与法官的心证状况相对应，并随着法官心证状态的变化，将提供证据的责任来来回回地转移于双方当事人之间。在诉讼中法官就是依据提供证据责任来督促当事人举证的。

5. 需要借助提供证据责任的概念来解决鉴定费用由谁负担的问题

在民事诉讼中，当事人申请鉴定，应预交鉴定费用，否则，鉴定机构有权拒绝鉴定。鉴定费用由谁来负担，就是依据提供证据责任来确定的。

6. 在申请诉前财产保全或诉前禁令时要求当事人提供证据

当事人要求法院采取一些程序性措施时，也存在提供证据的问题，如当事人申请法官等回避时，需向法庭提供有关回避依据的证据。这里虽然不涉及败诉风险问题，但提供证据的负担确是切实存在的。

（二）当事人负担提供证据责任的理论依据

在民事诉讼中，证明活动可分为三个阶段：第一个阶段，证据材料的收集和提供的阶段，该阶段扮演主角的是当事人，法院充其量只能作为配角。第二个阶段，证据材料的审查核实阶段，该阶段担任主角的是法院，但当事人也是这一阶段活动的积极参与者（质证）。第三个阶段，运用证据对案件事实作出认定的阶段，该阶段法院是惟一的参与者。依据证明活

第六章

动三个阶段的划分，由当事人负担提供证据责任有以下几方面原因：

1. 有利于保障当事人诉讼主体地位

虽然提供证据是当事人的责任，但同时也是当事人维护自身利益的最有效手段。证据完全或主要由当事人收集和提供使得当事人影响乃至决定诉讼结果成为可能，也使得当事人能够在很大程度上把握自己的诉讼命运。

2. 有利于发挥当事人举证的主动性

在民事为诉讼中，当事人是最重要、最丰富的证据来源，当事人对所主张的事实提供的证据越充分，他获得胜诉的希望也就越大。诉讼中的任何一方当事人都不希望自己承担不利的诉讼结果，正是这种动机，推动着当事人在诉讼中积极地举证。民事诉讼中提供证据的责任起着调动当事人积极性的作用。

3. 有利于使当事人对裁判中的事实负担起责任

有争议的案件事实虽然最终要由法院作出认定，但这一认定是建立在当事人主张事实和提供证据的基础之上的，因此应由当事人对事实和证据负责。某一事实对原告或被告获得胜诉十分重要，但当事人未主张，当事人本人须对未尽主张责任负责。某一证据极为关键，但当事人却未能提供，致使所主张的事实未被法院认定，责任也要由当事人本人负担。这样的制度有利于消解当事人对法院的不满。

4. 有利于提高审判工作的效率

如果法律规定调查和收集证据由法院完成，将会给法院的工作带来沉重的负担，并花费大量的时间和精力，其必会导致办案效率低下。让当事人负担提供证据的责任，利用当事人对诉讼结果的关切，促使他们积极收集和提供证据，可以提高民事审判的效率。

5. 有利于实现法院在证明活动中的职能

法院在证明活动中的主要职能是对当事人提供的证据材料进行审查核实，并对案件事实作出判断。为了有效地实现这一职能，既要保证法院将主要精力用于实现该职能的活动，又要保证法院对证据材料进行审核时能具有超然的立场。如果由法院去收集和提供证据，就会破坏诉讼的基本构造，使法院在证明活动中处于当事人的地位，从而弱化法院的审判职能。更为严重的是，可能会使法院先入为主，影响案件的公正审判。

6. 有利于防止滥行诉讼和保证当事人正确行使诉讼权利

让当事人负担提供证据的责任，当事人就不会贸然提起那些毫无事实

第六章

根据的诉讼，可以对滥行诉讼起到有效的抑制作用，从而使当事人正确行使诉权。

上述分析表明，民事诉讼中由当事人负担提供证据的责任，是民事诉讼自身规律的需要。

（三）提供证据责任应注意的几个问题

1. 提供证据责任问题与诉讼模式息息相关

采取当事人主义诉讼模式的英美法系国家与德、日等大陆法系国家，由当事人承担全部提供证据的责任，法院在证据资料的调查和收集上基本处于消极、被动状态。采取职权主义诉讼模式的国家（如原苏联、东欧等社会主义国家），强调法院在民事诉讼中的主导地位，强调法院在诉讼中的任务是发现案件的客观真实，强调法院应当对当事人的处分行为实行监督等。该模式的特征是，既要求当事人负担起提供证据的责任，也责成法院在必要时主动参与调查收集证据活动。

2. 提供证据责任的法律性质

提供证据责任的法律性质问题是民诉理论界争论较大的问题，有权利说、义务说、责任说、风险负担说等等，风险负担说立足于从提供证据与当事人诉讼目的、诉讼结果之间的关系观察这种责任，指出由于在大多数情况下，提供证据对当事人获得胜诉是必不可少的，不提供证据则存在着败诉的现实危险，提供证据对于当事人来说，实质上是为实现其诉讼目的，让法院能确认自己主张的事实，使法院依照自己的主张作出裁判而不得不承受的一种负担，当事人提起诉讼，是为了获得对自己有利的裁判，而不是为了协助法院查明事实。争取胜诉，避免败诉是当事人的共同心理。民诉法将提供证据作为一种负担，告诉当事人为争取胜诉必须承受这一负担。从而借助诉讼利益调动当事人举证积极性，是正确而明智的。

3. 履行提供证据责任的方式具有多样化的特点。

履行提供证据的方式可以将证据直接提交给法院，也可以向法院提出证人或者说明书证、物证、视听资料的所在之处（证据线索）；也可以向法院提出请求鉴定或勘验的申请等。

4. 当事人举证与法院调查取证问题

尽管我国民事诉讼法强化了当事人提供证据的责任，但并未因此完全免除法院调查和收集证据的责任，这就使得当事人举证与法院查证这一老问题依然存在。在审判实践中，两者的关系能否得到正确、妥善处理，既关系到民事诉讼法中强化当事人提供证据责任的立法意图能否实现，又关系到法院能否有效完成查明事实、分清是非的任务。处理好举证与查证的关系，既要明确、具体地界定当事人举证和法院查证的范围，又要摆正当事人和法院各自的位置。在民事诉讼中，法院处于诉讼指挥者的位置，居主导地位，能否处理好举证与查证的关系，关键在于人民法院。在诉讼中，法院的审判人员一方面应分别向当事人说明他们各自就哪些事实负担证明责任，督促他们及时举证，并在当事人举证不充分时提醒他们补充证据；另一方面，对于法律规定应当由法院调查收集的证据，主动或根据当事人的申请调查收集，切不可推卸自己的责任。但法院调查收集证据的范围，必须在法律规定的范围内，《民事诉讼法》第 64 条第 2 款规定，当事人及其诉讼代理人因客观原因不能自行收集的证据，或者法院认为审理案件需要的证据，人民法院应调查收集。《证据规定》第 15、17 条对民诉法这一规定作了解释，即当事人及其诉讼代理人因客观原因不能自行收集的证据，是指以下情形：①申请调查收集的证据属于国家有关部门保存并经法院依职权调取的档案材料；②涉及国家秘密、商业秘密、个人隐私的材料；③当事人及其诉讼代理人确因客观原因不能收集的其他材料（17 条）。"人民法院认为审理案件需要的证据"，是指以下两种情形：一是涉及可能有损国家利益、社会公共利益或他人合法权益的事实；二是涉及依职权追加当事人、中止诉讼、终结诉讼、回避等与实体争议无关的程序事项（15 条）。《证据规定》第 16 条还规定，法院依职权主动调查收集的证据，只能是"人民法院认为审理案件需要的证据"，其他证据，即"当事人及其诉讼代理人因客观原因不能自行收集的证据"，只能依当事人的申请才能调查收集。《证据规定》关于当事人举证与法院调查收集证据关系的规定，进一步强化了当事人的举证责任，而弱化了法院调查收集证据的职权。

5. 能否因原告既未提供证据又未表明证据来源而不予受理

《民事诉讼法》第 108 条规定的起诉条件不包括证据和证据来源，但第 110 条将"证据和证据来源、证人姓名和住所"作为起诉状的内容之一。在审判实践中，法院往往将第 108 条和 110 条联系起来解决是否受理问题，要求原告最低限度必须提供某种证据或证据线索，否则不予受理。实践中的这一做法增加了起诉必须具备的条件；其与法院在受理阶段的工

第六章

作性质也不相符合，这一阶段是审查原告是否具有程序意义上的诉权；其与民诉法关于证据的规定也相抵触。如民诉法明确规定当事人陈述是诉讼证据之一，在诉讼实践中，尽管原告的这种陈述尚无其他证据证明，但也不能否认它潜在的证据意义；如果在诉讼中被告承认原告的主张呢？这样做也不利于解决实践中存在的"起诉难"问题。

6. 如何保障当事人及非律师的诉讼代理人收集证据的权利

法律上规定的某项权利，其真实与否的重要标志是，当其受到妨碍或侵犯时，权利人能否获得某种形式的救济。当事人及非律师的诉讼代理人享有的调查取证的权利，恰恰是一项缺乏相应救济的权利。民事诉讼法未能对该项权利提供最低限度的保障。民诉法在规定法院有权向有关单位或个人调查取证的同时，规定了对妨碍或拒绝法院调查取证的单位或个人可以采取强制措施。民诉法虽然规定了当事人以及非律师的诉讼代理人有调查取证的权利，但并未规定无正当理由拒绝或妨碍他们调查取证的单位或个人应当承担什么样的责任。从调查收集证据的能力看，当事人明显弱于享有国家审判权的法院，因此更需要有某些切实可行的措施来保障他们的调查取证权，解决"取证难"这一突出问题。

### 四、主张责任的概述

（一）主张责任的概念

主张责任，是指当事人对应当由自己主张的要件事实若不加以主张，便有承受法院不利判决的危险。[1]

主张责任是一个与辩论主义相关的概念，其不允许法官将当事人未主张的事实作为裁判的依据，强调对当事人的程序保障，也是为了防止来自法官的认定事实的突袭。随着我国民事审判方式的改革，其诉讼模式也从原先的审问式转为辩论式，程序公正和程序保障的理念也随着对程序价值的认识和加强逐步得到确立。实行辩论式诉讼后，为保障程序的公正和法官的中立，除非该事实关系到国家利益，社会公共利益和第三人的合法权益，法院不会主动调查当事人在诉讼中未主张的事实。因而在我国现行的诉讼模式中，认为当事人负担主张责任是有充分理由的。

---

[1] 李浩:《民事证明责任研究》，法律出版社2003年版，第35页。

（二）主张责任与提供证据责任及证明责任的顺序

从表面上看，主张责任最先发生，原告在提起诉讼时，在诉状中应提出作为诉讼请求和根据的事实，被告在答辩状中应提出反驳诉讼请求所依据的事实；如果该事实需要证明，当事人就应承担提供证据的责任；如果经审理后案件事实仍处于真伪不明状态，主张事实的一方当事人需承担证明责任。即这三种责任发生的顺序是：主张责任——提供证据的责任——证明责任。但从实质上看，这三种责任发生的顺序应为：证明责任——主张责任——提供证据的责任。因为正是潜在的证明责任的存在，当事人才不得不负主张责任，如果案件争议的事实需要证明，当事人就应承担提供证据的责任。

（三）主张责任的分类

主张责任有客观主张责任与主观主张责任之分：客观主张责任要回答的问题是，当某个要件事实因当事人未主张而未出现在诉讼中，法院应如何作出裁判，应将由此产生的不利益判归哪一方当事人负担的问题。

主观的主张责任要回答的问题则是，特定的要件事实由哪一方当事人在诉讼中予以主张的问题。

客观的主张责任发生在法院作出裁判阶段，是一种结果责任；主观的主张责任发生在诉讼的初始阶段，是一种行为责任。客观主张责任是本质，主观主张责任是这一本质在诉讼中的反映。

（四）主张责任与证明责任的关系

主张责任与证明责任的关系是：主张责任与证明责任之间具有同一性和附随性。同一性指主张责任与证明责任在同一方当事人；附随性指主张责任与证明责任按同一标准分配，证明责任的分配决定了主张责任的分配。因此，证明责任分配问题一旦解决，主张责任分配问题也就迎刃而解了。这正是民事证据理论一般只对证明责任进行研究的原因。

**思考题**

1. 何为行为意义的举证责任？
2. 何为结果意义的举证责认？

# 第七章
## 证明责任的分配

**导语**：证明责任是民事证据制度的脊梁，证明责任分配则是脊梁中的脊梁。证明责任的分配涉及民事程序法和民事实体法，确定证明责任的分配，既要考虑民事诉讼制度的自身规律和内在要求，又要考虑民事实体法的立法宗旨与具体规定。因此，研究民事诉讼证明责任的分配，无论是在民事证据法理论上，还是在民事实体法理论上，以及在审判实践中均有着重要意义。

## 一、证明责任分配概述

### （一）概念

证明责任分配，是指按照一定的标准，将不同法律要件事实的证明责任，在双方当事人之间预先进行分配，使原告对其中的一部分事实负有证明责任，被告对另一部分事实负有证明责任。这一概念主要涉及两个问题：①案件哪些事实需要证明；②这些需要证明的事实分别由哪一方当事人来证明。

证明责任是民事证据制度的核心，证明责任分配是核心中的核心。证明责任的分配涉及民事程序法与民事实体法，确定证明责任的分担，既要考虑到民事诉讼制度的自身规律和内在要求，又要考虑到民事实体法的立法宗旨与具体规定。因此证明责任的分配既重要又复杂。

### （二）分配证明责任的原因

从理论上说，在绝大多数情况下，原告是在诉讼中主张权利或法律关系存在的一方当事人。因此，他不但应当证明权利产生的事实，而且应当进一步证明不存在妨碍权利发生的事实以及变更、消灭权利的事实，因为只有在这一切事实都得到证明后，法院才能确信原告主张的权利或法律关系的确存在。但是，如果真的如此，必然会带来以下弊端：①与国家设立民事诉讼制度的目的背道而驰。国家设立民事诉讼制度的目的，是为了通过法院对民事权利义务纠纷的审理与裁判，一方面保护当事人合法的民事权益，另一方面制裁民事违法行为。民事诉讼的发动机制为"不告不理"，因而上述目的的实现依赖于权益受到侵害的当事人依法提起诉讼。为此就需要给寻求司法救济的当事人创造必要的条件。通常情况下，原告是因民事权益受到侵害或发生争执而诉诸法院寻求司法保护的，胜诉是原告追求的直接目标。然而，诉讼总是有风险的，证明责任就是诉讼中的一种风险。如果把上述事实的证明责任都加在原告身上，原告就不得不负担起诉讼中的全部风险，而这诸多的风险必然会使原告胜诉的希望变得极为渺茫。这无异于一方面赋予原告提起诉讼的权利，另一方面又为他获得胜诉设置重重障碍，使原告在诸多风险、重重障碍面前望而却步。②与我国民事诉讼法规定的"民事诉讼当事人有平等的诉讼权利"的原则相抵触。法谚曰："证明责任之所在，乃败诉之所在。"与不负证明责任的一方当事人相比，负担证明责任的一方当事人在诉讼中显然处于不利的地位。负有证明责任的一方要想摆脱败诉的厄运，就必须提供证据证明这一事实；不负证明责任的一方在对方提出证据前，只需否认即可稳操胜券，不必提供任何反证。如果要求原告对以上所有事实进行证明，并且只要其中一项事实得不到证明，就会承担不利的诉讼结果，就必然形成原告负担的证明责任过重，被告却几乎不负担证明责任的局面，就会使原告在诉讼中明显处于劣势。原告、被告在诉讼中的地位严重不平等，又势必妨碍当事人平等地行使诉讼权利。③与诉讼节约的要求不相适应。证明责任分配，就是出于对司法资源的节约和司法效率的提高。我国民事诉讼制度追求的目标，即是通过尽可能低的成本获得公正的裁判。这便是"诉讼节约（经济）原则"。在诉讼中，需要证明的案件事实越多，诉讼就会变得异常缓慢，当事人和法院对诉讼的投入就会急剧增加，这显然有悖于诉讼节约的原则。所以就必须将证明责任在当事人之间作合理分配，使原告不必就一切事实负证明责任，而只需对其中一部分事实负证明责任，另一部分事实的证明责任由被告负担。

第七章

（三）证明责任分配的立法例

世界各国在民事诉讼中都将证明责任在当事人之间作合理分配，但立法例却不尽相同。主要有两种类型：一部分国家只在实体法中就少数问题的证明责任作出规定。在诉讼中，让法官根据实体法的有关规定以及法学家们提出的分配证明责任的学说，来决定如何分配证明责任。如德国、日本、瑞士等国。另一些国家除就少数问题的证明责任在实体法中加以规定外，还在法律中对如何分配证明责任作出原则性规定。如俄罗斯、匈牙利、美国、法国等。我国也采用后一种立法例。

## 二、影响和支配证明责任分配的价值

证明责任的分配，实质上是实体法与程序法在诉讼中的适用问题，从根本上说，它所追求的目的与法律追求的目的是一致的，都是为了实现公平与正义。对于证明责任分配，实体法与程序法中的价值取向表现为以下五个方面：

（一）实体真实

通过证明活动将争议事实的实际过程再现于法庭，使裁判中确定的权利义务与当事人之间真实的权利义务相一致，是我国民事诉讼证明活动追求的目标。证明责任的配置，使得当事人真切地感受到举证的压力，促使他们积极举证以打破事实真伪不明状态，其有利于真实地再现有争议的案件事实。因此，在分配证明责任时不能不考虑双方当事人与证据的关系。为了便于发现实体真实，将证明责任置于占有、接近证据或者易于收集证据的一方而不是难以或者无法取得证据的一方显然是必要的。其也是保持程序上的公正所要求的。

（二）诉讼地位平等

原、被告诉讼地位平等是民事诉讼的本质属性，也是构成程序公正的一项重要内容。因此，分配证明责任应充分考虑原、被告诉讼地位平等的价值要求，应着眼于有利于保障双方当事人诉讼地位平等，分配证明责任应当使原、被告承受的败诉风险大致均衡。

（三）诉讼经济

民事诉讼主要是为了解决财产权益纠纷，因而诉讼活动与人们的经济利益密切相关，诉讼主体需要投入时间和费用后才能获得诉讼结果。为此，民事诉讼制度的设计就不能不考虑效益问题。证明责任的不同配置直接影响到诉讼的节奏，它可以加速或者延缓诉讼的进程。因此，在分配证明责任时必须考虑诉讼节约的要求，采用有利于提高诉讼效益的分配证明责任的方法。

（四）实现实体法宗旨

证明责任是实体法与程序法在诉讼中的交轨，因此，分配证明责任不仅应考虑程序法固有的公正效率的价值要求，且应考虑实体法的价值要求，考虑如何才能使证明责任的分配与实体法的内在精神相一致，如何通过正确分配证明责任促使实体法宗旨的实现。惟有深刻了解民事实体法所欲达到的社会目的，才能把握住它的价值取向，才能使证明责任的分配与实体法的价值要求保持一致。我国将保护公民、法人合法的民事权益作为民法的基本原则，作为民事立法的出发点和归宿。无论是风险责任（无过失赔偿责任）还是证明责任转移，都明确地表明了法律向受害者、弱者倾斜，为他们提供尽可能多的救济的价值取向。

（五）使裁判总体上符合真实

既然证明责任分配实质上是在双方当事人之间分配事实无法证明所产生的不利诉讼后果。那么，为了使裁判总体上符合真实，证明责任的分配就必须同概率分析显示的结果、同日常生活经验中得出的结论相一致。这就是德、日两国的一些学者主要应根据盖然性分配证明责任的理由所在。

总体上看，影响和支配证明责任分配的价值要求有以上五个方面，它们均应成为研究证明责任分配的原则以及具体诉讼中证明责任分配的指导方针。当这五方面的价值要求同时起作用，并彼此兼容，相得益彰时，证明责任的分配无疑应同时符合这五方面的要求。然而，这种最佳状态有时是很难达到的，因为这几方面的价值要求并不总是兼容的。例如，在合同、遗嘱等有关民事法律行为的诉讼中，实体真实与诉讼经济、裁判总体符合真实之间就存在着矛盾。

当诸价值不兼容，甚至互相排斥时，应当依据何种价值分配证明责任，应遵循以下原则：第一，在确定价值序位的基础上，以序位在先的价值作为分配证明责任的依据。排列诸价值的序位，应从最有利于实现法律的公平与正义中，找出第一位价值。所以，一般而言，选择实现法规则的宗旨作为第一位价值是妥当的。第二，应尽可能兼顾多种价值要求。

第
七
章

### 三、我国民事诉讼中证明责任的分配体系

（一）依据实体法规定分配证明责任

证明责任的分配，本质上是实体法所决定的，如《民法通则》第123条规定："从事高空、高压、易燃、易爆、剧毒、放射性、高速运输工具等对周围环境有高度危险的作业造成他人损害的，应当承担民事责任；如果能够证明损害是由受害人故意造成的，不承担民事责任。"《合同法》第152条规定："买受人有确切证据证明第三人可能就标的物主张权利的，可以中止支付相应的价款，但出卖人提供适当担保的除外。"等等，但实体法明文规定证明责任分配毕竟是少数，多数情况下，需要运用法律要件分类说分析实体法的逻辑结构，实体法条文之间的关系，来辨别哪些事实属于产生权利的事实，哪些事实属于妨碍权利发生的事实，哪些事实属于变更或消灭权利的事实。具体表现为：①以法律关系的发生、变更或消灭的法律构成要件为依据识别，如《民法通则》第106条第2款关于"公民、法人由于过错侵害国家的、集体的财产，侵害他人财产、人身的，应当承担民事责任"的规定，即属于损害赔偿请求权发生的要件事实的规定。②以但书规定为依据识别。如《收养法》第29条第2款规定："生父母要求解除收养关系的，养父母可以要求生父母适当补偿收养期间支出的生活费和教育费，但因养父母虐待、遗弃养子女而解除收养关系的除外。"该款前半部分是原则规定，后半部分的但书是例外规定，是关于妨碍补偿请求权发生的要件事实的规定，应由不同意补偿的生父母负证明责任。③以抗辩权规定为依据识别。抗辩权的规定通常是阻止权利行使的规定。

（二）依据司法解释分配证明责任

在适用民事法律的过程中，最高人民法院作出了大量的司法解释，其中有一些含有分配证明责任的条款。例如，《关于审理票据纠纷案件若干问题的规定》第9条规定："票据诉讼的证明责任由提出主张的一方当事人承担。"《关于适用〈中华人民共和国婚姻法〉若干问题的解释（一）》第18条规定："婚姻法第19条所称'第三人知道该约定的'（指夫妻财产约定归各自所有的），夫妻一方对此负有举证责任。"《关于人民法院审理借贷案件的若干意见》第14条规定："行为人以借款人的名义出具借据代其借款，借款人不承认，行为人又不能证明的，由行为人承担民事责任。"

2001 年 12 月颁布的《证据规定》第 4 条对侵权诉讼中倒置证明责任的情形作出了规定，第 5 条对合同纠纷的证明责任分配作出规定，第 6 条对劳动争议案件中某些争议的证明责任分配作出了规定等。因为，最高人民法院的司法解释，是我国民事诉讼法的渊源之一。所以，当司法解释中对证明责任分配作出规定时，应根据解释中的规定确定证明责任的承担。

（三）依据法官裁量分配证明责任

《证据规定》第 7 条对授权法官裁量分配的情形作了规定，即"在法律没有规定，依本规定和其他司法解释无法确定证明责任承担时，人民法院可以根据公平原则和诚实信用原则，综合当事人举证能力等因素确定证明责任的承担。"该规定既对裁量分配的前提条件作了设定，又对如何裁量分配作出了指导。法官的裁量分配处于例外和补充的地位，因此限定其适用范围、并设定一些指导原则，以保证裁量权正确运用是必要的。

（四）通过证据契约分配证明责任

证据契约，是指当事人订立的有关诉讼中确定事实方法的契约。分配证明责任的契约一般与合同有关，考虑到举证的难易、证明的风险，当事人有时会在订立合同时对某个要件事实的证明责任由哪一方负担作出约定。只要约定是公平的，不会给承担证明责任的一方造成举证上的不合理负担，法院在诉讼中就应按照双方当事人事先的安排分配证明责任。

**四、我国民事诉讼中证明责任分配的原则**

分配证明责任，是为了解决实体法上的要件事实由哪一方当事人负责证明，以及当要件事实真伪不明时由哪一方当事人承担不利的裁判结果，因此，在提出证明责任的分配原则之前，需要先对要件事实进行分类。

实体法上的要件事实，依据它们引起的法律后果不同，可以分为以下四类：①产生权利或法律关系的事实。这类事实属产生权利的要件，如创作作品这一事实，使创作者获得了著作权等等，这类事实在诉讼中被主张权利的一方当事人作为诉讼请求所依据的事实。②妨碍权利或法律关系发生的事实。这类事实的特点是与发生权利或法律关系的事实相对抗，阻止它们发生，由于这类事实的存在，权利或法律关系不能产生。这类事实主要包括两种：一种是行为人缺乏相应的民事行为能力，代理人没有代理权、超越代理权或者代理权终止以后以被代理人名义订立合同等；另一种是导致合同无效的各种事实,如恶意串通,损害国家、集体或第三人的利益,以合法形式掩盖非法目的等。③变更或消灭权利或法律关系的事实。这类事实是在权利或法律关系发生后,在权利人行使请求权时与其相对抗。这类事实包括两种,一种是致使法律关系被变更或撤销的事实。如订立合同时存在显失公平或重大误解;一方当事人以欺诈、胁迫手段或乘人之危,使对方在违背真实意思的情况下订立合同。另一种是权利或法律关系发生后,引起其变更或消灭的各种事实,如履行、解除、抵销、免除、提存、混同等引起合同权利义务关系终止的事实。④排除权利行使的事实。这类事实是指当事人行使抗辩权所依据的要件事实。民事实体法中的抗辩权包括同时履行抗辩权、不安抗辩权、先诉抗辩权、时效抗辩权等。债务人在提出抗辩时,应对此种权利的要件事实负证明责任。这类事实的存在不妨碍权利的发生,但却使权利人无法行使其请求权。

对实体法要件事实的上述分类为确立我国民事诉讼中分配证明责任的原则奠定了基础,所以,确定的分配证明责任的原则是:

第一,凡主张权利或法律关系存在的当事人,须对产生该权利或法律关系的要件事实负证明责任,对存在妨碍该权利或法律关系发生的事实的证明责任由否认权利存在的对方当事人负担。

第二,凡主张原来存在的权利或法律关系已经或者应当变更或消灭的当事人,只须就存在变更或消灭权利或法律关系的事实负证明责任,对不存在妨碍权利或法律关系变更或消灭的事实由对方当事人主张并负证明责任。

第三,凡主张权利受限制的当事人,应对排除权利行使的事实负证明责任。

这样分配证明责任有以下五点理由:

第一,符合我国民诉法的有关规定和审判实践中的实际情况。如原告依据合同提起诉讼时,在诉状中只须记叙双方订立合同的事实,而无相应的民事行为能力、欺诈、胁迫等事实总是由被告在答辩状中提出。

第二,保障了双方当事人诉讼地位的平等。诉讼地位平等,不仅意味着双方当事人的诉讼权利是平等的,而且也意味着他们承担的义务和责任也是平等的。采用上述原则分配证明责任,原告只需对产生权利或法律关系的事实负证明责任,负担的证明不会过重。被告只需要从妨碍权利或法律关

第七章

系产生的事实或消灭权利或法律关系的事实中选择一类进行证明，从而负担的证明责任也不会过重。原告、被告负担的证明责任基本均衡，真正体现了我国民事诉讼法规定的保障双方当事人平等地行使诉讼权利的原则。

第三，能够较大限度地使人民法院依据证明责任作出的裁判与事实的真实情况相一致。证明责任制度的存在承认法院在事实无法查明时有权依据证明责任作出裁判，但另一方面，法律仍然要求建立在证明责任基础上的裁判从总体上能够最大限度地符合案件的真实情况。只有这样才能有利于完成我国民事诉讼法规定的"制裁民事违法行为，保护当事人的合法权益"的任务。因此，只有合理地分配证明责任，才能使建立在证明责任基础上的多数裁判与案件事实的真实情况相一致。从民事活动的实践看，大多数合同是由具有相应的民事行为能力的当事人订立的，合同的内容亦真实地反映了订约双方当事人的意愿，签订合同的当事人无民事行为能力或者合同因欺诈、乘人之危等原因而订立的毕竟是少数。同样，大多数遗嘱是遗嘱人在神志清醒状态下所立，在神志不清状态下立遗嘱是极为少见的。在侵权纠纷中也如此，受害人所受的人身、财产损害多数是由加害人的违法行为造成的，由正当防卫、紧急避险行为引起的是少数。由此可见，大多数民事活动是按照正常状态进行的，例外情况和异常状态只占较小比例。根据上述原则分配证明责任，由被告对无行为能力、神志不清等异常状态事实负证明责任。如果被告主张的这些事实处于真伪不明状态，人民法院就根据已被原告证明的民事活动的通常情况，作出原告胜诉的判决。这种在事实真伪不明情况下作出的判决，能够在总体上最大限度地贴近案件事实的真实情况是显而易见的。

第四，有利于提高民事审判工作的效率。从审判实践看，在一方当事人证明了产生权利或法律关系的事实后，另一方当事人多数情况下不会再主张存在妨碍权利或法律关系的事实。可见，上述分配证明责任的原则是以科学分析和审判实践经验为依据的，采用上述原则分配证明责任，在多数案件中就不再需要对是否存在妨碍权利或法律关系的事实进行证明。从而减少了用于证明活动的时间、精力和费用，提高了民事审判工作的效率。

第五，有利于外国人了解我国民事诉讼中证明责任的分配，有利于我国开展与外国及港、澳、台地区民事诉讼方面的司法交流。因为上述原则是在借鉴和吸收外国民事证明责任理论的合理成分，特别是借鉴和吸收了

第七章

在大陆法系中有很大影响的德、日两国证明责任理论中法律要件分类说、法规分类说的精华而确立的。英美法系国家，在民事证明责任分配上，与大陆法系国家并无多大区别。我国香港的法律制度属英国法类型、澳门和我国台湾地区则属于大陆法类型。

### 五、证明责任的倒置

#### （一）含义

证明责任的倒置，是指按照法律要件分类说在双方当事人之间分配证明责任后，依分配结果原本应由一方当事人对某法律要件事实的存在负证明责任，而转由另一方当事人对不存在某事实负证明责任。该定义，须从以下三方面理解：①倒置的是法律要件事实的败诉风险。需强调的是，证明责任倒置是指败诉风险意义上结果责任的倒置而不是指提供证据意义上行为责任的倒置。因为，一是在行为与结果两种责任中，真正能代表证明责任本质的是结果责任；二是证明责任分配的对象是结果责任。结果责任是一种静态的不会发生转移的责任，行为责任则是一种动态的，会随着诉讼的展开而在双方当事人之间转移的责任。静态的责任可以预先分配，动态责任的承担须依诉讼中的具体情形而定，无法抽象地进行分配；三是证明责任的倒置，属证明责任分配的范畴。证明责任分配针对的是法律要件事实，是将不同要件事实的败诉风险在双方当事人之间分配。倒置的对象与分配相同，因而倒置是要件事实败诉风险的倒置。依据我国民法理论的通说，一般侵权责任由损害结果、违法行为、因果关系、过错四个要件事实构成，特殊侵权责任主要为无过错责任，实行证明责任倒置，倒置的是因果关系和过错这两个要件事实。②倒置是对正置结果的局部修正。按照一定的原则对证明责任进行分配所产生的结果是证明责任的正置，证明责任倒置是对正置结果的局部修正，也可以说是证明的第二次分配。证明责任的本质在于败诉的风险，证明责任的重要性往往是在诉讼过程中，尤其是在事实真伪不明时，但是，如果等到事实真伪不明出现时再由法官来确定证明责任由哪一方当事人负担，既不利于维护法的安定性，也不利于当事人主张、抗辩、收集和提供证据，因此需要依据一定的规则事先在双方当事人之间分配证明责任。倒置是相对于正置结果而言的，是对正置结果调整后获得的不同于正置的分配。如在侵权引发的诉讼中，由受害人对加害人存在过错负证明责任是正置，而由加害人对自己无过错负证明责任则是倒置。③证明责任倒置会产生程序和实体双重效果。证明责任的存在使进入诉讼的当事人一开始就面临着三重压力——主张的负担、首先提供证据的负担、败诉风险的负担，实行证明责任倒置意味着这三重压力从一方当事人转移至另一方当事人。在这三重压力中，前两重指向的是应由哪一方当事人向法院提出主张和由哪一方当事人首先提供证据的程序性问题，后一重指向的是事实真伪不明情形下法院应当判决哪一方当事人败诉的实体性问题。如在侵权诉讼中，当过错这一要件事实从原告转移至被告后，被告若不提出自己无过错的抗辩事由，法院就会依据过错推定认定被告有过错。被告提出无过错的抗辩后，还须就所主张的无过错的事实首先向法院提供证据，被告若提供不出证据或举证不充分，都会招致败诉的后果，原告只在被告已提供了较充分的证据后才有必要提供反证。经过法庭调查和辩论后，如果法官最终仍然无法形成是否存在过错的心证，还会依证明责任的归属将承担侵权责任这一实体法后果判归被告一方。程序法上的后果是显而易见的，实行倒置后，被告的主张与举证负担都会在诉讼中表现出来。实体法上的后果则是潜在的，并且实际发生与否具有相当大的不确定性。事实获得了证明，实体法上的后果就不会发生，事实处于真伪不明状态，败诉风险才会转化为实际的败诉后果。但是，如果待证事实本身是证明起来难度相当大的事实，倒置证明责任也就接近于倒置了实体法的败诉后果。

（二）倒置证明责任的必要性

原则性与灵活性相结合，是一条具有普遍指导意义的马克思主义的基本原则。由于民事案件的多样性和复杂性，决定了民事诉讼中的证明责任分配也必须坚持这一原则，而不能机械地运用一般原则去处理一切案件中的证明责任分配问题。虽然根据一般原则分配证明责任，在一般案件中是公正和合理的，但在某些特殊的民事案件中，特别是在某些侵权纠纷案件中，可能造成极不公正、极不合理的结果。如在一般的侵权纠纷案件中，加害行为的违法性、违法行为与损害结果之间存在因果关系，加害人有故意或过失，属于产生损害赔偿请求的事实，应由原告负证明责任。但在环境污染引起的损害赔偿案件中，原告只能证明造成了损害结果，而难以证明损害与污染之间存在因果关系，相反，被告方面却掌握着这方面的知识和资料，甚至可以说全部证据材料均在被告的控制和支持之下，故采取证明责任倒置，由被告对不存在因果关系负证明责任。

此外，倒置证明责任也是为了使证明责任的分配能够更好地适应社会生活中出现的新问题。如环境污染问题、产品责任问题、道路交通事故问题等。这些问题向现有的法律制度和法学理论提出了挑战。为了有效地调整伴随着这些问题而出现的新的社会关系，法律自身需要作相应的调整。倒置证明责任便是调整的一项重要措施。通过倒置证明责任使法律能够顺利地解决很多新出现的社会问题，这是许多国家的成功经验。

（三）我国实行证明责任倒置的侵权诉讼

根据《证据规定》第 4 条的规定，我国实行证明责任倒置的诉讼案件有：

1. 因产品制造方法发明专利引起的专利侵权诉讼

按照证明责任分配的一般规则，原告指控被告使用了他获得专利的产品制造方法，就应对所主张的事实负证明责任。但专利权人远离证据，他无权擅自进入被告的企业，难以收集处于被告控制之下的使用其专利方法生产的证据。而对被告来说，究竟使用何种方法生产，自己最清楚，被告可轻而易举地提出证据来证明该项产品不是用专利方法而是用其他方法生产的。故我国《专利法》第 61 条第 1 款规定："专利侵权纠纷涉及新产品制造方法的发明专利的，制造同样产品的单位或个人应当提供其制造方法不同于专利方法的证明"。这样，本应由原告负担的被告未经许可使用其产品制造方法发明专利的证明责任便转换于被告，由被告就自己未使用原告的专利方法负证明责任。

2. 因环境污染致人损害引起的侵权诉讼

因环境污染引起的民事责任一般属无过错责任，因而被告是否有故意和过失不再是诉讼中证明的对象。按照证明责任分配的原则，原告应对损害事实的存在、被告有污染行为、损害与污染之间存在因果关系这三项产生损害赔偿权利义务的事实负证明责任，被告则应对他主张的免责事由（污染是由第三者故意或过失引起的，是由受害者自身的责任引起的，或由不可抗拒的自然灾害引起的）负证明责任。但考虑到原告一般难以证明损害与污染之间存在因果关系，故为了提高原告求偿的成功率，应采取证明责任倒置的办法，由被告对不存在的因果关系负证明责任。但要注意，《证据规定》第 4 条第 3 款规定，因环境污染引起的损害赔偿诉讼，由加害人就法律规定的免责事由及其行为与损害结果之间不存在因果关系承担证明责任。免责事由是由加害人主张的，由加害人负证明责任，是证明责任的正置而不是倒置。

3. 建筑物或其他设施以及建筑物上的搁置物、悬挂物发生倒塌、脱落、坠落致人损害的侵权诉讼

我国民法理论把上述物品引起的侵权责任归入特殊的侵权责任。但这类侵权与其他特殊侵权责任不同，其仍然是过错责任。其适用的是过错推定。过错推定是指如果受害人能够证明其所受损害是由加害人所致，而加害人不能证明没有过错，法律就推定加害人有过错，并据此确认其应承担民事责任。过错推定是一种特殊情况。所以，对加害人的过错，不再按照法律要件分类说关于举证责任的分配原则，由受害人承担，而是实行举证责任的倒置，由加害人对自己无过错负举证责任。如证明建筑物倒塌是不可抗力所致，是第三人过错所致等。

4. 因共同危险行为致人损害的侵权诉讼

在民法理论中，共同危险行为又称准共同侵权行为，是指数人共同实施侵害他人权利的危险行为，对所造成的损害结果无法判明究竟谁是加害人的情况。共同危险行为致人损害承担的民事责任，适用的是过错责任原则。按照侵权诉讼中证明责任分配的一般规则，在共同危险行为致人损害的侵权诉讼中，受害人要求共同危险行为人赔偿损失，必须对自己受到损害的事实、行为人共同实施危险行为、行为人具有共同过错等负证明责任，而且应对何人造成损害也负举证责任。然而，在共同危险行为致人损害中，对于共同实施危险行为的数人中，究竟是谁造成了损害是无法确定的。在这种特殊情况下，如果仍然按照证明责任分配的一般原则，由受害人对此负证明责任，是不公平的。为了使受害人的损失能够得到公正的补偿，同时也为了使实施共同危险的人能公平地承担责任，经过长期探索，终于形成了共同危险行为的理论，并很快运用于民事立法和审判实践。我国民法通则未规定共同危险行为，但为了有效保护受害人的权益，制裁民事违法行为，借鉴共同危险理论处理上述共同侵权行为引起的诉讼十分必要。故《证据规定》第4条明确规定："因共同危险行为致人损害的侵权诉讼，由实施危险行为的人就其行为与损害结果之间不存在因果关系承担举证责任。"可见，在共同危险的理论中，证明责任已被倒置。原告在诉讼中只

第七章

须证明数被告实施了具有危险性质的行为，以及这种行为给原告造成了损害，数被告中的每个人都必须对损害并非由自己的行为所致负证明责任。若不能举证证明，数被告就被推定为有共同过失，应负连带赔偿责任。

5. 因医疗纠纷提起的诉讼

在医疗纠纷诉讼中，医院方面承担民事责任是以医疗过失的存在为前提的，属过错责任。但医疗纠纷引起的侵权诉讼在证据方面存在以下突出问题：①医生一般不愿得出其同行存在过错的结论；②医疗机构比患者更接近证据；③患者在接受治疗时可能处于无意识状态，无从了解所发生的情况。加之，医疗是一种专业性、技术性很强的行业，患者又缺乏医疗知识，在这种特殊情况下，仍按证明责任分配的一般原则，要求患者对医疗机构及其医务人员的过失，及因果关系负举证责任，是有失公平的。而医疗机构则不同，它因具有这方面的专业知识，能够较容易地向法院说明自己不存在医疗过错。所以，为了使患者发生医疗损害时能够获得较多的赔偿机会，《证据规定》第 4 条第 1 款第 8 项对医疗侵权诉讼规定了证明责任的倒置，即"因医疗行为引起的侵权诉讼，由医疗机构就医疗行为与损害结果之间不存在因果关系及不存在医疗过错承担证明责任。"这一规定将"因果关系"和"过错"两个要件倒置给医疗机构，从救济患者举证困难的角度讲，力度是相当大的。[1]但要注意，2010 年 7 月 1 日施行的《中华人民共和国侵权责任法》第 54 条规定，"患者在诊疗活动中受到损害，医疗机构及其医务人员有过错的，由医疗机构承担赔偿责任。"这一规定表明，医疗纠纷中的医院方承担过错责任，其改变了《证据规则》对医疗侵权诉讼规定的证明责任倒置。

## 思考题

1. 何为举证责任分配？
2. 举证责任分配的原则有哪些？
3. 何为证明责任倒置？
4. 证明责任倒置的情形有哪些？

---

〔1〕 王洪礼：《民事诉讼证据简论——侧重效率维度》，中国检察出版社 2007 年版，第 52～60 页。

# 第八章

## 证明标准

**导语：**"标准不仅决定了我们对一个事物的批评，而且决定了我们对这一事物的理解，甚至决定了这个事物的存在，或者说，标准使我们有理由确定一个事物的存在情况。"[1]

我国民事诉讼法没有明确规定民事诉讼的证明标准。受"客观真实"证明要求的影响，实践中，在证明某一事实的证据无法达到确凿程度，特别是在证据之间相互矛盾的情况下，如何判断该事实的真伪，经常使审判人员感到困惑，甚至出现回避裁判、拒绝裁判的情况。因此，研究民事诉讼证明标准，无论是在民事证据法理论上，还是在审判实务中均有着重要意义。

## 一、民事诉讼证明标准概述

### （一）民事诉讼证明标准的概念

所谓证明标准，是指当事人对待证事实进行证明所应达到的程度或要求。[2]即证明要求的具体化。

证明标准在实质上应包含两方面的内容：

第一，对当事人而言，负有证明责任的当事人必须提交支持其主张的证据达到法官予以认定的标准，即具有一定说服力的程度才能免除其举证负担，不至于承担败诉风险。

第二，对法官而言，只有负有举证责任的当事人提交的证据达到具有

---

〔1〕　赵汀阳：《直观——赵汀阳学术自选集》，福建教育出版社 2000 年版，第 261 页。

〔2〕　程春华主编：《民事证据法专论》，厦门大学出版社 2002 年版，第 200 页。

某种说服力的程度才能对其主张予以认定。各国学者对证明标准的功能、作用看法比较一致，即证明标准是负有证明责任的一方当事人就其主张的事实予以证明应达到的水平或程度，是法官对当事人的证明活动进行法律评价的依据，如果当事人履行证明责任达到了法定的证明标准，法官就认定该当事人的诉讼主张成立，反之，判断其诉讼主张不成立。

（二）民事诉讼证明标准的特征

证明标准有以下三个特征：

第一，证明标准的层次性。其层次性主要表现对在不同性质和类型的民事案件所要达到的证明程度有不同的要求。英美法系对一些特殊案件（婚姻案件等）要求比普通民事案件更高的证明要求。大陆法系一般把民事案件分为一般和特殊案件，不同案件运用不同的标准。如产品责任、环境污染等纠纷，采用"表见证明"的方法减轻原告举证困难。我国民法通则中关于几类特殊侵权案件的规定，也区分了一般和特殊案件的证明标准。

第二，阶段性。其阶段性是指民事案件在不同的诉讼阶段，针对不同的事实在证明程度上有不同要求。如在立案阶段和在判决阶段有不同的证明标准。

第三，证明标准是主观性与客观性的统一。证明标准是一个具有相对客观性的主观认识程度，其一方面是主观标准，即是通过主观努力可以达到的认识程度；另一方面其在属性上是一个带有客观性的法律标尺。证明标准是一个法律问题，应有客观的确定依据，如法律、司法政策、法律原理等等。

（三）民事证明标准与证明责任的关系

证明标准与证明责任密切相关，二者本质上是一物两面。举证责任解决的问题是应由谁提供证据加以证明；证明标准解决的是当事人应提供多少证据加以证明。证明标准是在举证责任的基础上产生的概念，举证责任在诉讼过程中演变到某个特定的时间或状态，便呈现出了证明标准的诉讼价值。证明标准对当事人既是一种约束，也是一种指引，当事人可以依此衡量自己举证责任是否完成，对诉讼结果有一定的预测性。从而有效地调节着证明活动有序地进行。

第八章

（四）民事诉讼证明标准的效率意义

证明标准与认定事实的真实程度是相联系的，一般而言，证明标准要求越高，反映事实的客观程度就越高，依据该事实作出的裁判就越接近真实，当事人也就能够获得较公正的结果，但诉讼是要投入成本的，对事实发现程度要求越高，投入的成本就会越大。在诉讼中，经济成本主要包括：人力、物力、财力、时间资源及精神损耗。与经济成本相对应的另一重要概念是经济收益。对当事人而言，经济收益是指预期利益的实现或预期不利益的避免。一般说来，以较少的经济成本投入达到较大的经济收益，就意味着效率。相反，既定经济成本投入获得的经济收益较少，那么就会使诉讼无效率。也就是说，当事人投入的成本太大，超过了胜诉所获得的收益的情况下，会使当事人的诉讼无效率，那么，他就有可能不选择诉讼的方法来解决纠纷或冲突。

经济成本与经济收益两个因素，都与证明标准紧密联系。证明标准要求的证明程度越高，要求当事人收集的证据越充分，当事人与法院的成本也就越高，效率就低；相反，证明标准要求低，诉讼主体投入的成本就低，效率就高。总之，诉讼效率的高低与证明标准的高低成反向关系。

我国民事诉讼追求过高的证明标准导致了诉讼效率的低下，产生的结果是审判期限的不断延长，使当事人之间的法律关系长期处于不明确、不稳定的状态，妨碍了社会经济秩序的正常运用。为此，在市场经济下，确立一个什么样的诉讼证明标准已提上了民事审判改革的日程。

### 二、我国民事诉讼证明标准的确立

（一）确立"高度盖然性"证明标准的必要性

证明标准的提出和建构是人们期望通过标准来制约法官、限制法官判断的主观随意性。由于我国民事诉讼法对民事案件证明标准没有明确规定，其只在总则部分规定"人民法院审理民事案件，必须以事实为根据，以法律为准绳，并要求法院应当按照法定程序全面地、客观地审查核实证明。"故我国学者一般认为在诉讼上的证明要求是查明案件的客观真实，即要求司法人员的主观认识必须完全符合实际。

确立客观真实的民事证明标准，其主要原因有：①我国的证据制度是建立在马克思唯物主义认识论的基础之上的。依据这一认识论得出的结论是：已经发生的民事纠纷，其事实是一种客观事实，必然会在外界留下客观的、各种能为人们所感知的物品、痕迹等，从而为查明案件的客观事实提供可靠的事实基础。②实事求是的思想路线对客观真实标准的确立起了重要的推动作用。法院"以事实为依据"审判案件，就是实事求是原则的体现，其要求诉讼中达到客观真实。③受前苏联法学理论的影响，过分强调社会主义国家审判制度应区别剥削阶级国家的审判制度，即法院必须准确查明案件事实，并通过开庭调查的证据来证明这些事实是有根据的，并彻底否定西方国家的自由心证制度。

客观真实的证明标准在当时的社会经济条件下起了一定的积极作用，也是比较可行的，但随着经济体制的改革，民事案件急剧增加致使司法资源日渐稀缺，加之人们对民事诉讼本身规律认识的深入，客观真实标准存在的问题凸显，具体表现为：①法院依职权调查收集证据，使证明责任形同虚设，耗费了司法资源；②自认、推定等有效制度在追求客观真实下失去了其用武之地；③当事人在一、二审中可以随时提出新的证据使得庭审无法正常、迅速地进行；④"有新的证据，足以推翻原判决裁定"作为申请再审的法定事由和人民法院发现新的证据可以主动提起审判监督程序的规定从根本上否定了我国二审终审制，判决的既判力荡然无存，法院和法律的权威受到挑战，出现终审不终的尴尬局面。

许多学者提出了以法律真实取代客观真实的观点，其依据有：

第一，客观真实过分地强调了人的认识能力的无限性，忽视了人类在一定条件和时间限制下认识的阶段性和有限性。

第二，客观真实也不是绝对的，只能是主观与客观的结合。因为，法官所审理的只能是过去发生的冲突或纠纷，法官要查明的事实只能是过去的事实。任何冲突的事实都无法原封不动地恢复原来面目。

第三，在立法上出于对某种法律价值的考量，而作出的某些规定也阻却了"客观真实"的发现。如排除不合法手段收集来的证据、审限的规定、法律推定的规定等，这些都是法律在考虑各种价值平衡的基础上，作出的放弃追求客观真实的表现。

客观真实是诉讼中追求的一种理念，但由于各种条件的限制，客观真实的理想状态是很难达到的，把法律真实作为我们诉讼中的证明标准，才能较好地解决我们诉讼实践中遇到的效益与公正、当事人处分与法院审判

第八章

权之关系及判决既判力等难题，保证民事诉讼的良性运转。《证据规定》第63条规定，人民法院应以证据能够证明的案件事实为依据依法作出裁判，这一规定明确了民事诉讼中"法律真实"的证明要求。该规定第73条规定，双方当事人对同一事实分别举出相反的证据，但都没有足够的依据否定对方证据的，人民法院应当结合案件情况，判断一方证据的证明力是否明显大于另一方提供证据的证明力，并对证明力较大的证据予以确认，因证据的证明力无法判断导致争议事实难以认定的，人民法院应当依据举证责任分配的规则作出裁判。既在当事人对同一事实举出的相反证据都无法否定对方的证据的情况下，由法院对证据的证明力进行衡量，如果一方提供的证据的证明力明显大于另一方，则可以认定证明力较大的证据所支持的事实具有高度盖然性，法院应依据这一事实作出裁判。如果通过对证明力的比较，仍无法对待证事实作出认定，即待证事实仍处于真伪不明的状态，双方证据的证明力大小不明显或无法判断，即双方证据支持的事实均不能达到高度盖然性程度，法院应依据当事人承担的证明责任的分配规则作出裁判，由负有证明责任的一方当事人承担不利的诉讼后果。

该条明确了我国民事诉讼的证明标准，即"高度盖然性标准"。高度盖然性的证明标准是指，在民事诉讼中，如果一方当事人提出的证据证明某一事实的发生具有可靠的、显著的盖然性，即使没有完全达到客观真实的程度，人民法院即可认为其达到了证明的要求，将其"视为真实"而予以确认。

（二）高度盖然性证明标准的体现

证明标准体现在实体法与程序法之中：

1. 在实体法上的体现

《民法通则》规定的举证责任倒置，就是以高度盖然性的证明标准为依据的。因为，依据社会的一般经验和现有的科学知识，原告的损害事实有非常大的可能是被告的某种不恰当行为所引起的。因此，在这类案件中，以高度盖然性的标准，让被告承担举证不利的后果是符合社会正义的要求。

2. 在程序法中的体现

在审理过程中赋予法官在具体案件中依据"心证"确信案件事实是否得到证明的权力。如《民事诉讼法》第67条规定，经过法定程序公证证明的法律行为、法律事实和文书，法院应作为认定事实的根据。但有相反证据足以推翻公证证明的除外等。

（三）确立"高度盖然性"证明标准的实践意义

第一，有利于发挥法官认定事实的主观能动性以实现司法对社会正义的追求。

第二，有利于确立通过正当程序发现真实的理念（推定），以维护司法的权威性。

第三，有利于提高诉讼效率。

### 三、民事诉讼证明标准的适用

（一）民事诉讼证明标准的适用环节

证明标准的适用过程即是对案件的相关证据证明力大小的判断过程。其适用环节有：

1. 对当事人提供的证据的证明力进行判断

根据《证据规定》第65、66条的规定，应对证据的合法性、真实性、关联性进行综合判断。

2. 对证据证明力的大小进行比较判断

根据《证据规定》第73条规定，应对双方当事人提供证据证明力的大小进行判断。如果一方有自认或拒证的情节，就可直接确认或者推定对方所主张的事实存在，就无须再进行证明标准的判断。

3. 对仅有一方证据的可能性的判断

证明标准的适用不仅限于对双方证据证明力大小进行比较判断，还包括对仅有的一方证据相当可能性的判断，即当只有一方拥有证据，而对方没有反证却又对该证据予以否认时，也应对该单方证据进行证明标准的判断。如果该证据所证明的事实具有相当的可能性，也应认定其证明力达到了证明标准。

（二）不同类型的案件适用程度不同的证明标准

根据证明标准的层次性的特点，在具体运用证明标准时，应根据民事案件的类型确定与其相对应的证明要求和证明标准。根据民事诉讼司法实践，可将民商事案件划分为身份关系、确权、劳动争议、侵权、违约等几种类型，对此应设立由高到低、逐渐递减的证明要求和证明标准。即不同

第八章

的案件类型设立不同层次的高度盖然性证明标准。

如确认亲子关系的案件，一般应按"极高的盖然性"标准来证明亲子关系的存在。确认婚姻关系无效的案件应严格按照实体法规定的条件为前提，采取"极高的盖然性"证明标准。侵权案件，被侵权人往往难以在侵权行为发生时固定证据，如果对原告的证明要求设置过高，不利于保护受害方的权益，所以一般情况下对原告适用"较高的盖然性"证明标准，只要证明在特定的时空受到了被告的侵害并因此遭受到损失，便可认定达到了证明标准，即认定侵权行为成立。特殊侵权案件，由于实行举证责任倒置或法律规定由被告证明原告有过错，对原告的举证标准要求更低，但对被告的证明标准要求则高。合同案件，由于存在事先的约定，一般采取严格责任原则，故对该类案件设定较低的证明标准，原告只要证明被告违约事实的存在，无须证明被告有过错或存在因果关系的事实。

（三）证明标准的适用需结合各项证据规则

证明标准的具体适用应把握其恰到好处。否则，掌握的过严或过松都会造成对案件事实认定结果的失当。在具体案件的审理中为了正确把握证据证明标准的适用，必须运用证据规则来认定证明活动是否达到证明标准的要求。证据规则不仅能够增强法官判案的公开化和民主化，而且更有助于法官正确地运用自由心证来掌握具体案件的证明标准。通过综合运用排除规则、补强规则、自认规则、推定规则、最佳证据规则和经验规则等进行分析、辨别，从而根据合法性、真实性和关联性等因素逐一认定各个证据的证明力。证据规则作为个案审理的认证工具，成为通向达到证明标准和认定案件事实的桥梁。

（四）证明标准的适用需设置程序控制规则

对自由心证的运作机制设定必要的程序控制规则，以保证法官能够相对统一和适当地运用"高度盖然性"标准，防止自由裁量权的滥用，在司法实践中具有积极的意义。

1. 心证公开规则

法官在证据的基础上以"高度盖然性"标准而形成的对待证事实的"内心确信"，是法官依据法律、经验、运用归纳、演绎等方法，在其内心合理、自由的判断结果。在这一心证过程中，法官的内心推理无法为外人所知。因此，法官要善于把心证过程公开，从而使当事人理解法官如何在

综合分析证据的基础上对待证事实形成"内心确信"的理由。心证公开的形式就是"判理明示"，要求法官在判决书的理由认定部分，对其心证依据的理由进行详细、充分、有说服力的阐述。

2. 穷尽证据规则

证据是法官对待证事实形成"内心确信"的基础，也是比较双方当事人之间对其主张事实哪一方在"盖然性"上更占"优势"的前提。因此，法官只有在庭审中对当事人提供的所有证据进行综合分析判断，产生的"心证"才可能最大限度地符合立法本意。穷尽证据规则是要求法官充分利用庭审功能，正确引导当事人的举证、质证活动，从而发现一切可能发现的证据。如此，建立在法官自由心证基础上的司法判决才是经得起历史检验的公正判决的。这要涉及法官的释明责任问题。

3. 规范审判纠错机制

依据民诉法的规定，案件认定事实错误，或认定事实不清是发回重审或改判的主要依据。而依据证明的相对性原理，诉讼中查明的案件事实并非"客观事实"，它只是法官在现有证据的基础上，作出的"高度盖然性"的结论，是基于一审法官行使自由裁量权的"心证"结果。同样，二审法官对事实的认定与分析也享有同等的权力。我们知道这种盖然性结论只是一种可能而非必然的结果，不同的法官会得出不同程度的认识。因此，二审法官要充分尊重一审法官自由裁量的权力，一般应限制二审法官在同样证据的情况下改变一审对案件认定的盖然性结论。[1]

**思考题**

1. 何为证明标准?

2. 何为"高度盖然性"的证明标准?

第八章

---

〔1〕 王洪礼:《民事诉讼证据简论》，中国检察出版社 2007 年版，第 63～81 页。

# 第九章

## 证明过程

**导语：** 证明过程既包括证据的收集和调查，又包括证据的审查与判断，在整个民事诉讼活动中，从某种意义上讲，诉讼的过程即是法官依据当事人双方提供的证据，通过审查判断，达到确认案件事实的过程。为了保障证据的合法有效性，在法定的情况下，人民法院有权对证据进行保全，为当事人提供证据确定举证期限，针对重大复杂的案件，根据需要在开庭前组织当事人进行证据交换，其目的都是为了公正地解决民事纠纷。

### 一、证据的收集、调查

#### （一）证据的调查、收集

我国民事诉讼理论及民事诉讼的现行有关法律规定中，对证据的收集和证据的调查未做明确的区分，一些专业教材或理论文章中也经常是将这两者按一个概念进行定义并解释，但从严格意义上讲，证据的收集与证据的调查是不同的两个概念，应该区分开来。所谓证据的收集，一般是指当事人对民事诉讼所必需的各种能够证明案件事实、程序事实的证据材料进行收集、整理、提炼、加以固定的活动；它是当事人进行民事诉讼活动的必然要求，并与当事人所期望的诉讼结果紧密联系在一起。所谓证据的调查，是指人民法院在进行民事诉讼时，在其职权范围内，根据相关规定对证明案件所需要的证据进行调查、提取、固定等活动。从扩大意义的广义上讲，它应该包括人民法院依职权主动调查收集证据、根据当事人请求在法定范围内调查收集证据、根据当事人请求采取证据保全措施、实施勘验以及委托鉴定。

第九章

由此可以看出，证据的收集与证据的调查应该是两个完全不同的概念。首先，两者实施主体不同：证据收集的主体为当事人及其诉讼代理人，而证据调查的主体则是人民法院；其次，两者适用范围不同：按照现行民诉法规定，民事诉讼以当事人收集证据为主，以人民法院调查证据为辅，只有在特殊情况下，人民法院才可以根据有关法律规定进行证据调查；再次，法律要求不同：当事人可以在仅就支持自己的主张，有利于保护自身利益的前提下收集证据，而人民法院调查证据则必须客观、全面、公正、合法；最后，两者产生的法律后果不同：人民法院证据调查如果没有获取证据，证据调查的主体并不承担责任，且对案件最终的处理结果不产生实质的影响，而当事人收集不到证据的，则一定会承担举证不利的责任甚至是败诉的责任。

（二）证据的收集、调查的方法

我国现行民事诉讼法只规定了当事人有权收集、提供证据，但并没有规定收集证据的具体方法以及在行使这一权利的过程中受到妨害时如何获得法律救济的途径，使得当事人的此项权利在一定程度上变为空泛权利，其法定代理人或委托代理人在行使此项权利时也和当事人一样，没有更好的措施。只有当执业律师担任民事诉讼当事人的委托代理人时，可以依照律师法及民事诉讼法的相关规定收集证据，但同时法律又规定调查收集证据应得到有关单位或个人的同意，在行使收集证据的权利时仍然存在着很大障碍。相比之下，人民法院在收集调查证据时，则有很多的便利和更多的权威，如人民法院可以采用民事诉讼法规定的各种方法手段去收集调查证据，当有关单位或个人在人民法院进行调查时如不配合，人民法院还可以以其妨害民事诉讼为由，对其采取必要的强制措施，以确保证据调查顺利进行。无论是当事人及其诉讼代理人收集证据，还是人民法院的审判人员调查证据，总的来讲，证据收集及证据调查的大致方法有以下几种：

1. 询问

询问是进行各类诉讼，审理各种案件中都必不可少、频繁使用的收集调查证据的方法和措施；无论刑事案件还是民事案件，无论经济纠纷还是行政诉讼案件，以至于进行仲裁，有可能收集调查证据的其他措施和方法都可以不用，惟独询问是共同的、必不可少的。因此，询问是收集、调查证据的最基本的方法。询问的对象一般为知道案件真实情况的当事人或相关证人。询问时还应该制作询问调查笔录。

2. 查阅相关档案、复制、摘抄有关资料

民事诉讼是当事人对已经进行过的民事活动或存在的民事权利状态发生争议或产生矛盾纠纷，或者认为自己的民事合法权益受到侵害才进行民事诉讼的。在此前相关的民事活动中，必然留下一定的文字档案、材料或痕迹，因此，翻阅有关文字资料档案，整理、复制、抄录有关资料等，就成为收集调查证据的又一项重要工作。

3. 申请取证

当事人提供有关证据线索，申请人民法院收集调查、获取证据。

4. 委托鉴定

委托鉴定是指双方当事人一致同意或当事人意见不一致时，由人民法院委托的专门机构及专业人员，利用其专业技术知识和科学技术设备，对案件涉及的专业性问题进行鉴定并由鉴定人做出鉴定结论的活动。

5. 勘验

勘验指案件审理人员或人民法院其他执法人员，对民事案件现场或相关物证进行现场勘察、测量，并发现和提取证据的专门活动。

（三）收集、调查证据应注意的其他问题

收集、调查证据必须合法。根据《民事诉讼法》及最高人民法院有关司法解释规定，证据的收集调查必须合法。在司法实践中，收集调查证据不合法主要有以下几种情形：

（1）证据主体不合法。如无民事行为能力的精神病人作证人提供证人证言。

（2）收集调查证据程序及手段不合法。最高人民法院《证据规定》第68条规定："以侵害他人合法权益或者违反法律禁止性规定的方法取得的证据，不得作为认定案件事实的依据"。如以暴力、威胁、欺骗、引诱、贿买等非法方法收集的证据。

（3）证据形式不合法。即证据表现内容不合法，证据不能证明案件真实情况，虚假证据，与争议的民事案件事实无关联、也没有任何证明力的事实材料。

（四）人民法院调查证据的相关规定

《民事诉讼法》第64条第2款规定："当事人及其诉讼代理人因客观

第九章

原因不能自行收集的证据……人民法院应当调查收集。"此条规定是人民法院在民事诉讼中收集调查证据的最基本的法律依据。但随着我国民事诉讼司法制度的改革和民事诉讼模式的转变，人民法院收集调查证据的情况又变得较为复杂，在司法实践中，往往会出现因调查证据的法官不同而导致收集调查证据的范围、调查的标准等各异。2001 年最高人民法院出台的《证据规定》，进一步明确规定了人民法院调查证据的几种情形。

1. 人民法院应依职权主动收集、调查证据的范围

（1）涉及可能有损国家利益、社会公共利益、或者其他人合法权益的事实。

（2）涉及人民法院依职权追加当事人、中止诉讼、终结诉讼，涉及管辖、回避等与当事人民事实体权益争议无关的程序事实。

2. 经当事人申请，由人民法院调查的证据

（1）申请调查的证据属国家有关部门保存并须由法院依职权调取的档案材料。

（2）涉及国家机密、商业秘密、当事人个人隐私的材料。

（3）当事人及其诉讼代理人确因客观原因不能自行收集的其他材料。

人民法院调查证据时，应由两人以上共同进行；调查形成证据材料后应由调查人、被调查人、记录人签字或盖章。

有关单位或个人向法院提供的证据，法院应当出具收据。

根据最高人民法院《证据规定》，当事人及其诉讼代理人申请法院调查证据，应在举证期限届满前 7 日以书面申请形式向法院提出，是否同意由法院决定。人民法院对申请不予准许的，应当向当事人及其诉讼代理人送达通知书，当事人及其诉讼代理人可以在收到通知书起 3 日内向受理申请的人民法院书面申请复议一次。人民法院在收到复议申请后 5 日内日作出答复。

## 二、证据保全

（一）概念及特征

传统意义上民事证据保全，是对于可能灭失或者以后难以取得的证据，人民法院根据当事人的申请或者主动依职权采取一定的措施先行加以

固定和保护的行为。国内大部分学者均支持这一含义。国外如日本学者兼子一、竹下守夫也认为："证据保全程序是指对于那种等到诉讼上正式调查证据期口进行调查就有可能无法调查或难以取得的特定证据，事先进行证据调查并保存其结果的诉讼程序。它在诉讼系属之中是不同于本案诉讼程序的另一种程序。"在这些定义中包括以下两种含义：①普遍认为人民法院既可以根据当事人的申请进行证据保全，也可以由人民法院依职权主动进行证据保全；②普遍认为证据保全应在诉讼开始以后，对诉讼前证据保全未予论述。但在司法实践中，基于我国民事诉讼模式在积极向当事人主义靠拢，法院依职权积极主动对民事纠纷案件采取证据保全的情况已经极为罕见，更多地是由当事人申请法院进行证据保全。另外由于我国民事诉讼法对诉讼前证据保全的有关规定过于模糊，在相关司法解释中也仅仅是有所提及，法院进行诉讼前证据保全时又找不到具体细节的相关规定，再加上现有的公证证据保全已经普遍适用，所以学术界对诉讼证据保全进行定义或者加以论述时，往往对诉讼前证据保全关注不够甚至忽视。因此，有必要对诉讼证据保全重新定义：所谓诉讼证据保全，是指在民事诉讼开始前或者在民事诉讼程序开始后在法院对证据进行调查前，根据利害关系人、当事人的申请或者人民法院主动依职权，对可能灭失或者今后难以取得的证据，予以必要的收集调查和固定保存的行为。

现行《民事诉讼法》第74条规定："在证据可能灭失或以后难以取得的情况下，诉讼参加人可以向人民法院申请保全证据，人民法院也可以主动采取保全措施"。2002年4月1日起施行的《证据规定》第23条也规定："当事人依据《民事诉讼法》第74条的规定向人民法院申请保全证据，不得迟于举证期限届满前7日。当事人申请保全证据的，人民法院可以要求其提供相应的担保。法律、司法解释规定诉前保全证据的，依照其规定办理。"该条文规定了申请证据保全的期限、担保方法等，同时明确规定了诉前证据保全。

一般而言，证据保全具有以下特征：①是经当事人向人民法院申请，或者人民法院依职权决定采取的职权行为；②证据保全的范围不超出当事人申请调查证据的范围或者当事人民事争议的案件事实范围。

（二）证据保全的条件

第一，证据可能灭失或者今后难以取得；证据可能灭失即可能是因客观原因灭失，如证人身患重病，随时有生命危险；或者物证难以保存，可能腐烂、毁灭；或者可能被故意损毁等。也可能属于今后难以取得，如证人即将定居国外等。

第二，被保全的证据对案件事实的全部或部分有重要证明意义。

第三，当事人及其诉讼代理人无法采用正常手段收集的证据。

（三）证据保全的程序

1. 当事人申请证据保全

当事人申请人民法院进行证据保全的，应该：

（1）应当向法院提出证据保全书面申请；申请书中应写明申请人基本情况、需要保全的证据的名称、种类、证据存放地点、该证据需要证明的案件事实以及应当对该证据采取保全措施的理由；

（2）法院在收到当事人申请后根据《民事诉讼法》及司法解释的规定进行审查；

（3）审查符合证据保全条件的，作出证据保全的裁定，裁定做出即发生法律效力。如果审查认为不符合条件，法院可以裁定驳回申请，但在驳回申请的裁定中应写明驳回理由及救济途径。

2. 人民法院依职权证据保全

人民法院主动依职权进行证据保全仅在最高人民法院《证据规定》中提到过，但缺乏具体的操作程序及标准。结合我国民事诉讼模式的改革，我们认为法院依职权主动采取证据保全措施应严格限制在法院依职权主动调查收集证据的案件范围或条件内，不宜扩大。

（四）证据保全的方法

最高人民法院《证据规定》第24条规定："人民法院进行证据保全，可以根据具体情况，采取查封、扣押、拍照、录音、录像、复制、鉴定、勘验、制作笔录等方法。人民法院进行证据保全，可以要求当事人或者诉讼代理人到场。"

（五）《海事诉讼特别程序法》中证据保全的规定

2000年7月1日正式施行的《中华人民共和国海事诉讼特别程序法》（以下简称《海事诉讼特别程序法》）第五章就海事诉讼证据保全制度作了专门详细的规定，从中可以看出，海事诉讼证据保全制度是对民事诉讼证据保全制度的细化和完善，是较为详尽的证据保全规则。

第九章

1. 海事证据保全的管辖

根据《海事诉讼特别程序法》相关规定，海事证据保全的管辖原则为：①海事法院专门管辖原则；②属地管辖原则；③不受诉讼管辖协议约束原则；④作出海事证据保全的海事法院取得实体案件管辖权的原则。

2. 海事证据保全的条件

《海事诉讼特别程序法》第 67 条中规定了申请海事证据保全的具体条件：

（1）海事证据保全请求应当由海事诉讼当事人或利害关系人提出。

（2）请求保全的证据能够证明海事诉讼案件事实，或者与案件有关系。

（3）被请求人是与请求保全的证据有关的人，既包括当事人，也包括案外人。

（4）必须是情况紧急。

3. 海事证据保全的程序

《海事诉讼特别程序法》第 65 ~ 69 条规定了海事证据保全的程序：

（1）申请人提出申请。当事人提出海事证据保全的请求应当与海事诉讼案件的海事请求有联系；同时，还应该写明请求内容、请求理由。

（2）申请人提供担保。由于存在申请可能造成被申请人或利害关系人的实际损失的可预测性，《海事诉讼特别程序法》规定法院可以责令申请人提供担保；是否提供担保，由审理案件的法官自由裁量。

（3）审查和裁定。法院对申请人提出的海事证据保全申请及时进行审查，对符合保全条件的，裁定采取证据保全措施；对不符合保全条件的，不做保全裁定。

（4）复议。海事证据保全裁定一经做出就发生法律效力；被申请人对裁定不得提出上诉，只能请求复议一次，复议期间，不停止裁定的执行。另外，案外利害关系人对证据保全裁定有权提出异议。

（5）执行。裁定作出后，由法院专门执行机构执行。需要有关部门协助执行的，制作协助执行通知书通知其他有关部门及人员协助执行。

（六）知识产权立法中证据保全的专门规定

为加大对知识产权的保护力度，切实保护知识产权人的合法权益，我国已经相继在有关知识产权立法中对知识产权证据保全做了规定；最高人民法院也在审理专利案件和商标案件的相关司法解释中对采取证据保全措施做了规定。

1. 对侵犯商标专用权案件的诉前证据保全

（1）根据《中华人民共和国商标法》第57、58条的规定，商标注册人或者利害关系人可以向人民法院提出诉前保全证据的申请；提出申请的利害关系人，包括商标使用许可合同中的被许可人、注册商标财产权的合法继承人。注册商标使用许可合同被许可人中，独占使用许可合同的被许可人可以单独向人民法院提出申请；排他使用许可合同的被许可人在商标注册人不申请的情况下，也可以提出申请。

（2）诉前保全证据的申请，应当向侵权行为地或者被申请人住所地等对商标案件有管辖权的人民法院提出。

（3）商标注册人或者利害关系人向人民法院提出诉前保全证据的申请，应当递交书面申请书。申请书应当载明：①当事人及其基本情况；②申请保全证据的具体内容、范围、证据存放地点；③请求保全的证据能够证明的对象；④申请的理由，包括证据可能灭失或者以后难以取得，且当事人及其诉讼代理人因客观原因不能自行收集的具体说明。

（4）人民法院作出诉前保全证据的裁定事项，应当限于商标注册人或者利害关系人申请保全的范围。

（5）申请人申请诉前保全证据可能涉及被申请人财产损失的，人民法院可以责令申请人提供相应的担保。申请人提供保证、抵押等形式的担保合理、有效的，人民法院应当准许。申请人不提供担保的，驳回申请。

（6）商标注册人或者利害关系人在人民法院采取保全证据的措施后15日内不起诉的，人民法院应当解除裁定采取的措施。

2. 对侵犯专利权案件的诉前证据保全

《专利法》第66条仅规定了诉前停止侵犯专利权行为的措施和财产保全，没有规定诉前证据保全的内容。鉴于证据保全在知识产权侵权诉讼中的主要作用，2001年6月公布的《最高人民法院关于对诉前停止侵犯专利权行为适用法律问题的若干规定》（法释〔2001〕20号）第16条第1款作了一个变通规定："人民法院执行诉前停止侵犯专利权行为的措施时，可以根据当事人的申请，参照《民事诉讼法》

第九章

第 74 条的规定，同时进行证据保全"。即允许申请人在申请诉前临时禁令的同时，申请证据保全。

### 3. 网络证据保全措施

随着科技的突飞猛进，我国原有的有关电子网络证据的保全措施已远远不能满足社会的需要，网络证据保全措施急需进一步完善：

（1）对于网络证人证言、网络当事人陈述，主要保全方法是询问和录制资料等。

（2）对网络物证和视听资料，主要保全方法是勘验、制作勘验笔录、绘图、拍照或截屏录像、提取原始介质，在方便时可以加以扣押或封存。

（3）对网络书证，常用的保全方法除了扣押硬盘或者其他储存设备外，还包括缩微、复制、存档等，在扣押、缩微、复制、存档时，应当会同在场见证人和持有人查点清楚，列出清单。

虽然《民事诉讼法》和《证据规定》以及相关司法解释对证据保全做了规定，但仍存在一些问题需要加以完善：如"举证期限届满前 7 日"是法定不变期间，不存在中止、中断和延长的情形，如果当事人违反此规定，将失去向法院申请证据保全的权利，规定过于僵化。另外，《民事诉讼法》及《证据规定》对当事人申请证据保全是否必须提供担保、如何提供担保以及不提供担保的后果等重要问题均未做出明确规定。

### 三、举证期限

由于我国民事诉讼长期以来一直实行集中审理，在证据提出上对应实行的则是"随时提出证据主义"。如《民事诉讼法》第一审普通程序的规定，实际上就是对集中审理程序的规定；按照该程序规定，开庭后先进行法庭调查，然后进行法庭辩论，辩论结束后法院便进行评议，然后当庭宣判或择日宣判。而且大多数案件只开一次庭且开庭后即可能作出判决。所以，在进行民事诉讼时，并没有专门为当事人设置举证时限。这种情况，不利于当事人行使举证权利，在司法实践中也不利于法院及时准确的审理案件，影响司法公正和效率。2001 年最高人民法院发布的《证据规定》中才第一次对当事人提供证据的举证期限做了规定。

（一）举证期限的概念和特征

举证期限是指民事诉讼中负有举证责任的当事人，在规定时限内就其主张的观点或者案件事实向人民法院提供证据，逾期不提供证据的，将承担举证不利甚至败诉的法律后果。它具有下述特征：①它是对负有举证责任的当事人规定的期限；②逾期不能提供，则承担不利的法律后果。

（二）举证期限的具体规定

我国《民事诉讼法》中没有对举证期限做具体规定；最高人民法院《证据规定》中第33条则规定了两种举证期限：

1. 人民法院指定期限

人民法院通过举证通知书向当事人指定举证期限。按此规定，人民法院在向当事人送达案件受理通知书和应诉通知书时，一并送达举证通知书。举证通知书中应载明举证责任的分配原则及举证的具体要求，比如证据份数、证据目录、明确的举证期限、逾期举证的法律后果以及向人民法院申请调查证据的法定情形等。为保障当事人诉讼权利，方便当事人收集准备证据，对适应普通程序受理的案件，法院指定的举证期限不得少于30日。对适用简易程序审理的案件，法院则可以根据案件具体情况确定举证期限，不受30日期限规定的限制。

2. 当事人协商确定

举证期限也可以由当事人自行协商确定，但须经人民法院认可；当事人自行协商确定举证期限，充分尊重了当事人意思自治，保障了当事人进行民事诉讼中的选择权。

（三）举证期限的延长和重新指定举证期限

当事人在确定的举证期限内提交证据材料确有困难的，应当在举证期限届满前向人民法院申请延期举证，经法院准许，可以适当延长举证期限。

举证期限的重新指定，是指法院指定举证期限后，因出现特殊情形，法院为当事人重新指定举证期限。比如因原告增加诉讼请求、被告提起反诉、追加当事人以及发现新的证据线索需要重新收集、调查证据等。

第九章

（四）逾期举证的法律后果

当事人及其诉讼代理人应在确定的举证期限内向法院提供能够证明自己主张或者案件事实的证据材料，以及反驳对方主张的证据材料。如果当事人逾期未能举证，则应承担举证不利甚至是败诉的后果。根据《证据规定》第34条规定，当事人在举证期限内不提交证据材料的，视为放弃举证权利；对于当事人逾期提交的证据材料，法院可以不再组织质证，但对方当事人同意组织质证的除外。

## 四、证据交换

证据交换制度，又称为"证据开示"或"证据展示"，是民事诉讼开庭审理前准备程序的一项重要内容，在民事诉讼中发挥着重要作用。

由于我国传统的职权主义因素所带来的法院在民事诉讼中"先定后审"的影响，以及证据交换制度本身的不完善甚至缺失，造成我国证据交换制度一直未能形成。

早在《民事诉讼法》第110条中就规定，当事人在起诉时必须提交证据及证据来源，证人姓名与住所；但因为《民事诉讼法》又同时规定允许当事人在开庭时提交证据；另外《民事诉讼法》并未规定被告人在收到起诉状副本及应诉通知书时法院应将原告提交的证据全部同时送达，所以，也不能称为证据交换。

随着我国民事诉讼制度改革的深入和民事诉讼模式向当事人主义的倾斜，庭前证据交换已成为了完善我国证据制度的一个重要环节。

最高人民法院1993年11月16日的《最高人民法院第一审经济纠纷案件适用普通程序开庭审理的若干规定》中规定，开庭前，合议庭可以召集双方当事人及其诉讼代理人交换、核对证据，核对账目；对双方当事人无异议的事实、证据应当记入在卷，并由双方当事人签字确认；在开庭审理时如双方当事人不再提出异议，便可以认定。这是我国首次对证据交换制度作出规定。

最高人民法院1998年7月《关于民事经济审判方式改革问题的若干规定》第5条规定："开庭前应当作好下列准备工作：……⑦案情比较复杂、证据材料较多的案件，可以组织当事人交换证据；……"，再次对证据交换的案件范围及条件做了规定；

最高人民法院 1999 年 10 月 20 日公布的《人民法院五年改革的纲要》中再次规定："民事、经济审判方式改革要进一步完善举证制度，除继续坚持主张权利的当事人承担举证责任的原则外，要建立举证时限制度和重大、复杂、疑难案件庭前交换证据制度。"

最高人民法院《证据规定》中第 37 条第 1 款规定："经当事人申请，人民法院可以组织当事人在开庭审理前交换证据"。第 38 条规定："交换证据的时间可以由当事人协商一致并经人民法院认可，也可以由人民法院指定。人民法院组织当事人交换证据的，交换证据之日举证期限届满。当事人申请延期举证经人民法院准许的，证据交换日相应顺延"；第 39 条规定："证据交换应当在审判人员的主持下进行。在证据交换的过程中，审判人员对当事人无异议的事实、证据应当记录在卷；对有异议的证据，按照需要证明的事实分类记录在卷，并记载异议的理由。通过证据交换，确定双方当事人争议的重要问题。"至此，我国正式确立了证据交换制度。《证据规定》确立的证据交换制度，为法院实行证据交换提供了一定的依据，对保障民事诉讼的公正进行、提高诉讼效率起了很大作用。

（一）证据交换的含义

证据交换是指在开庭审理之前，在法院有关人员主持下，双方当事人及其诉讼代理人在指定时间、指定地点互相交换各自持有的、能够证明各自诉讼主张及案件事实的证据的活动。庭审前交换证据能够真正体现民事诉讼对抗性的特点，可以使得对方当事人避免遭受证据突袭，且有助于双方当事人突出争议焦点，使得诉讼有可预测性，避免庭审过程流于形式，提高诉讼效率。

实行证据交换的意义：①防止当事人进行证据突袭；②有利于当事人认清案件争议的焦点，有利于法院组织引导当事人顺利进行诉讼；③有利于节约司法资源，提高诉讼效率。

（二）证据交换范围：

适用证据交换案件：

（1）经当事人申请，人民法院可以组织当事人在开庭前交换证据，不论案件难易或复杂程度，体现保护当事人行使选择权。

（2）人民法院对证据较多或案件情况比较复杂的案件，应当组织当事人在答辩期满开庭审理前交换证据。

第九章

（3）证据交换适用于普通程序审理的民事案件。

（三）证据交换制度存在的问题

虽然《证据规定》规定了证据交换制度内容，但仍然存在以下问题：

1. 适用证据交换的案件范围不科学

《证据规定》第37条规定"人民法院对于证据较多或者复杂疑难的案件，应当组织当事人在答辩期满后，开庭审理前交换证据"。证据较多容易确定，但该规定没有明确界定疑难、复杂的标准，在司法审判实践中完全由法官自由裁量。这就使得证据交换中法官的释明权缺乏合理尺度。由于法院立案庭在审查立案时不负责审查具体案情，而审判庭在审判模式改革中，又主张审案法官在开庭前不宜过多的接触案情，以防止先入为主。因此，在证据交换前甚至开庭审理前判断案情是否复杂就变成基本不可能。另外，证据交换仅适用于普通程序审理的民事案件，但在基层人民法院中绝大多数民事案件都适用简易程序审理，所以也就自然不进行证据交换，甚至基层法院个别法官还可能利用简易程序回避证据交换。

2. 主持证据交换的主体不明确

《若干规定》规定主持证据交换的主体为审判人员，但规定太过笼统，所以在审判实践中有的法院是由主审法官主持，有的是助理法官主持，还有的是书记员主持。

3. 未明确证据交换的具体操作规程

全国各级各地法院在证据交换具体程序上存大的较大差别。因此，有必要建立统一的证据交换的具体操作规则。

4. 应建立证据交换的保障及惩戒规则

在民事诉讼中，原告向法院起诉，在起诉状中几乎将所有的观点和主张、依据的事实和理由甚至证据的来源、形式等完全呈现给了被告；但被告是否答辩则完全由其自主决定；如果不答辩，法律也没有规定被告应承担相应的不利后果。所以，审判实践中，被告往往选择不答辩，以备在庭审中能够以证据突袭对方。其次，就算法官确定某一案件进行证据交换后，当事人一方或双方不进行证据交换，法律也没有规定相应的惩戒规则来保障证据交换的实施，使得证据交换制度难以发挥应有的作用。

第九章

### 五、对证据的审查、判断

（一）概念和特征

审查核实证据，指人民法院在诉讼参与人参加下，通过庭审活动，对案件全部证据进行审查、鉴别、核实，确认其真伪的活动。具有以下特征：

1. 公开性审查核实证据首先要公开举行

根据民事诉讼法及有关司法解释的规定，证据必须是在人民法院主持下，经过各方当事人及诉讼参与人就该证据的客观性、关联性和合法性公开进行证据质询，在各方当事人及诉讼参与人提出对该证据的肯定或否定的明确意见后，法院再根据其他证据材料进行综合分析、判断，最终才能作出对该证据是否采信的判定。未经过公开质证的证据材料，不得作为定案依据。

2. 公正性

公正性是指在人民法院主持下对证据进行综合审查判断时，应注意充分听取各方当事人及诉讼参与人对案件事实及证据材料的意见，保持公正、客观、独立地对证据进行审核，不先入为主、不偏听偏信，保持公正性。

3. 按照民事诉讼法及有关司法解释对证据审查判断规定的相关规则进行审查判断

根据现行民事诉讼法及最高人民法院有关司法解释，我国民事诉讼证据审查判断的规则主要有：①证人资格规则；②非法证据排除规则；③证据须经过质证规则；④期限举证规则；⑤调解或者和解中对案件事实的认可不得作为对其不利的证据的规则；⑥证据能力受限制规则。

（二）审查判断证据的标准

1. 收集证据应合法

根据《民事诉讼法》规定，当事人提供的证据必须合法。审判实践中，证据不合法主要有以下几种情形：

（1）收集或提供主体不合法。如未成年人或精神病人作证人提供证言就不符合法律对于证据收集、提供主体的规定；

（2）取证程序不合法。最高人民法院《证据规定》第68条规定："以侵害他人合法权益或者违反法律禁止性规定的方法取得的证据，不得作为认定案件事实的依据"。如以暴力、威胁、欺骗、引诱、收买等非法方法收集的证据。

（3）内容不合法。即不能证明案件真实情况、虚假的、无证明力的事实材料，因对案件事实的查明毫无意义而为非法证据。

2. 审查证据的关联性和一致性

（1）各个证据之间要有某种客观的联系，而不是相互孤立的。一般来说，在证据认定过程中，除书证、物证、证人证言等直接证据外，任何证据都需要旁证的支持，无旁证支持的孤证的采信率相对较低。如《证据规定》第70条规定，有其他证据佐证并以合法手段取得的、无疑点的视听资料或者与视听资料核对无误的复制件，对方当事人提出异议但没有足以反驳的相反证据的，人民法院应当确认其证明力。

（2）证据应与证明对象相一致。证据证明对象过于分散往往容易削弱证据的证明力，至于相互矛盾的证据则更是不会为法庭所认定。所以，要审查证据间的内在关系，剔除无关紧要的证据，确保证据有的放矢。

3. 审查证据的有效性

（1）《民事诉讼法》对民事诉讼中专门性的证据都有明确的等级规定。如司法鉴定报告或伤残鉴定书等，都必须要由法院指定的具有特定资质或资格的单位出具。

（2）《民事诉讼法》规定，本案的当事人及其诉讼代理人不应成为证人；不能正确表达意志的人也不能出庭作证或出具证言。因此，应当排除以下人员的证言：①诉讼代理人，包括法定代理人和委托代理人；②本案审判人员、书记员、鉴定人、翻译人员和检察人员；③认知能力、表达能力没有达到作证要求的未成年人。

（三）审查判断证据的方法

审查判断证据的方法有以下几种：①对当事人收集证据进行全面审核；②对证人证言、鉴定结论、公证证据进行审核；③对人民法院调查收集的证据进行审核；④综合全案证据进行审核。

### 六、对证据的认定与采信

（一）对证据认定、采信的概念和特征

对证据的认定、采信是指人民法院审判人员在民事诉讼中，以事实为依据，依照法定程序，运用证据规则，对当事人提供的证据材料和人民法院收集调查的案件证据材料进行综合全面的分析判断，最终对证据的效力、证明案件事实的范围、证明力有无及证明程度大小进行肯定性或否定性的司法评判、采用、确信、认定的行为。

从司法实践中看，对证据的认定、采信包含两个部分：①对案件全部证据材料进行综合审查判断，对其客观性、与案件的关联及合法性作出评判并阐述理由；②对需要予以采用、信任，将其作为定案依据的证据进行分析阐述，说明对其的采纳理由以及对案件事实的证明范围、证明力大小等。

对证据的认定、采信主要有以下几个方面的特点：①是审理案件的法官行使自由裁量权的过程；②是审理案件的法官行使自由裁量权的具体体现；③是审理案件的法官依照程序和规则所做的裁量及判定。

（二）认定、采信证据的标准

1. 排除非法证据

我国《民事诉讼法》及《证据规定》并未直接规定排除非法证据，但在零散的规定中体现了这一标准；例如，在关于证据的合法性问题上，证据表现形式是否合法、证据来源是否合法、取得证据的手段是否合法、都成为认定、采信证据的明确标准。

1995 年 3 月 6 日最高人民法院《关于未经对方当事人同意私自录音取得的资料能否作为证据使用问题的批复》的司法解释中指出，未经对方同意私自录制的谈话录音资料，不具有合法性，不能作为证据使用。《证据规定》第 68 条规定："以侵害他人合法权益或违反法律禁止性规定的方法取得的证据，不能作为认定案件事实的依据。"

2. 确立最佳证据

《证据规定》第 77 条规定确立的就是最佳证据规则。"人民法院就数个证据对同一事实的证明力，可以依照下列原则认定：①国家机关、社会团体依职权制作的公文书证的证明力一般大于其他书证；②物证、档案、

第九章

鉴定结论或勘验笔录或者经过公证、登记的书证，其证明力一般大于其他书证、视听资料和证人证言；③原始证据的证明力一般大于其他书证；④直接证据的证明力一般大于间接证据；⑤证人提供的对与其有亲属或者其他密切关系的当事人有利的证言，其证明力一般小于其他证人证言。"

### 3. 补强证据规则

补强证据是指某一证据不能单独作为认定案件事实的依据，只有在其他证据以佐证方式予以补充的情况下，才能作为本案的定案根据。

《民事诉讼法》及最高人民法院的司法解释都对补强证据规则做了规定，如《民事诉讼法》第69条规定："人民法院对视听资料，应当辨别真伪，并结合本案的其他证据，审查确定能否作为认定案件事实的根据。"《证据规定》第69条也规定："下列证据不能作为认定案件事实的依据：①未成年人所作的与其年龄和智力状况不相当的证言；②与一方当事人或者其代理人有利害关系的证人出具的证言；③存在疑点的视听资料；④无法与原件、原物核定的复印件、复制品；⑤无正当理由未出庭作证的证人证言。"

### 4. 推定规则

推定规则是指根据法律规定或者按照经验法则，从已知的事实推断未知的事实的一种证据法则。我国证据理论中，推断可分为法律推定和事实推定两种情况，法律推定是基于法律的明确规定或者基于生效的法律文书所确定的事实来推定其他事实的存在。事实推定则是指根据生活经验和常识，依据事物间固有的逻辑关系而做出的推定。《证据规定》第75条就规定："有证据证明一方当事人持有证据无正当理由拒不提供，如果对方当事人主张该证据的内容不利于证据持有人，可以推定该主张成立。"

## 七、对不同种类证据的认定、采信标准

### 1. 对书证的认定及采信

书证是指用文字、符号、图案等记载表达思想的内容来证明案件事实的证据。对书证的认定采信应注意：①审查其是否具备书证基本形式要求；②审查书证所记载或表达的意思表示是否清楚、真实；③重点审查《民事诉讼法》第77条规定的书证最佳证据规则。

2. 对物证的认定及采信

物证是指以其本身存在的外形、重量、质量、规格等物理性状和特征来证明案件事实的物品或痕迹。认定及采信物证应注意：①必须是物证原物，而不是复制品；②物证一般只能证明案件某部分事实或某个问题，不能证明案件的全部，必须依靠其他证据共同证明案件。

3. 对视听资料的认定及采信

视听资料是指采用科学技术手段方法，利用声音、图像及电脑存储数据等来证明案件事实的证据。对视听资料的认定及采信应注意：①被录音录像的当事人或相关人员对此完全知情并同意录制；②视听资料未被编辑、剪辑、合成；③《民事诉讼法》第69条及《证据规定》第69条均规定，存有疑点的视听资料，不得单独作为认定案件事实的依据。

4. 对证人证言的认定及采信

证人证言是指了解案件真实情况的人，就案件情况对人民法院口头或者书面进行的陈述。对证人证言的认定及采信应注意：①证人应当出庭作证，接受当事人及法庭的质询、询问；未出庭作证的证人证言证明力较低。②因证人证言具有较大主观性，可能会出现偏向某一方当事人的情形，或者证人因知识水平、个人阅历、意识形态等差异，导致证人认知能力有差异或者认知不足，因此对证人证言要综合判断、审慎采信。③与案件事实或者与案件当事人有利害关系的证人所做的有利证言，其证明力较低。

5. 对当事人陈述的认定及采信

当事人陈述是指当事人就案件情况向法院所作的陈述。对当事人陈述的认定及采信应注意：①当事人进行诉讼，都希望得到一个有利于自己的判决，因此，避害趋利就必然成为当事人陈述的主要特点；②合理利用当事人的自认，提高审判质量和审判效率；③要将当事人主动陈述与法院询问当事人的笔录区别开来。

6. 对鉴定结论的认定及采信

鉴定结论是指鉴定人运用自己的专门知识和技能，对民事案件专门性问题进行实验、检测、分析、判断、鉴别后，所作的判定性结论。对鉴定结论的认定及采信应注意：①在是否进行鉴定以及确定鉴定人员及鉴定机关的问题上，应当尊重当事人选择权；②委托的鉴定机关及鉴定人员具有进行该项鉴定工作所必需的资格或资质，取得人民法院的资格认证；③审查鉴定机关及鉴定人员是否严格按照鉴定程序，采用公开合理的鉴定标准进行鉴定。

7. 对勘验的运用及认定和采信

勘验是指人民法院工作人员对民事诉讼案件涉及的物品或者现场进行勘察、检验后制作的笔录。对勘验的运用及认定和采信应注意：①勘验人员不应该是本案审判人员，以保证审判的公正、客观、独立；②勘验报告必须充分接受当事人质询；③勘验工作的范围应该纳入法院收集、调查证据的范围。

8. 对专家辅助人证据材料的认定及采信

专家辅助人是指接受当事人委托，就民事诉讼案件中的专门性问题向人民法院进行说明的专业人员。对专家辅助人证据材料的认定及采信应注意：①专家辅助人所做的专业问题说明不属于法定形式的证据；②因专家辅助人由一方当事人委托出庭说明情况，也可能与当事人之间形成某种利害关系。③专家辅助人在该领域内的专业知识、专业经验和专业水平，也会对其说明程度产生影响。

### 思考题

1. 何为证据保全？
2. 何为举证时限？
3. 人民法院依职权收集的证据有哪些？

# 附录一

## 历年司法考试题(民事证据部分)

### 一、单项选择题

1. 根据有关司法解释,人民法院规定了民事诉讼当事人举证期限,下列哪一说法符合有关司法解释的规定?(2002 年)

A. 举证期限一经确定,在任何情况下,当事人都不可以申请延长举证期限

B. 当事人在举证期限内提交证据确有困难的,经法院允许,可以适当延长举证期限,但只允许延长一次

C. 当事人在举证期限内提交证据确有困难的,经法院允许,可以适当延长举证期限,延长举证期限后,当事人提交证据材料还有困难的,当事人可以再次提出延期申请,是否准许由人民法院决定

D. 当事人在举证期限内提交证据确有困难的,可以多次申请延长举证期限,但自第二次申请起,是否准许由上级人民法院决定

【解析】根据《最高人民法院关于适用〈中华人民共和国民事诉讼法〉若干问题的意见》(以下简称为《民诉意见》)第 76 条规定,人民法院对当事人一时不能提交证据的,应根据具体情况,指定其在合理期限内提交。当事人在指定期限内提交证据确有困难的,应在指定期限届满之前,向人民法院申请延期。延长的期限由人民法院决定。故选项 A 为错误说法。

根据《最高人民法院关于民事诉讼证据的若干规定》(以下简称《证据规定》)第 36 条规定,当事人在举证期限内提交证据材料确有困难的,应当在举证期限内向人民法院申请延期举证,经人民法院准许,可以适当延长举证期限。当事人在延长的举证期限内提交证据材料仍有困难的,可

以再次提出延期申请，是否准许由人民法院决定。故本题中只有选项 C 符合该司法解释的规定。

【答案】C

2. 甲与同事丙路过一居民楼时，三楼乙家阳台上的花盆坠落，砸在甲的头上，致其脑震荡，共花费医疗费 1 万元。甲以乙为被告诉至法院要求赔偿，而乙否认甲受伤系自家花盆坠落所致。对这一争议事实，应由谁承担举证责任？（2003 年）

A. 甲承担举证责任

B. 甲、乙均应承担举证责任

C. 乙承担举证责任

D. 丙作为证人承担举证责任

【解析】根据《证据规定》第 1～4 条的规定，原告向人民法院起诉或者被告提出反诉，应当附有符合起诉条件的相应的证据材料，当事人对自己提出的诉讼请求所依据的事实或者反驳对方诉讼请求所依据的事实有责任提供证据加以证明。没有证据或者证据不足以证明当事人的事实主张的由负有举证责任的当事人承担不利后果。人民法院应当向当事人说明举证的要求及法律后果，促使当事人在合理期限内积极、全面、正确、诚实地完成举证。当事人因客观原因不能自行收集的证据，可申请人民法院调查收集。对于下列侵权诉讼，按照以下规定承担举证责任：①因新产品制造方法发明专利引起的专利侵权诉讼，由制造同样产品的单位或者个人对其产品制造方法不同于专利方法承担举证责任；②高度危险作业致人损害的侵权诉讼，由加害人就受害人故意造成损害的事实承担举证责任；③因环境污染引起的损害赔偿诉讼，由加害人就法律规定的免责事由及其行为与损害结果之间不存在因果关系承担举证责任；④建筑物或者其他设施以及建筑物上的搁置物、悬挂物发生倒塌、脱落、坠落致人损害的侵权诉讼，由所有人或者管理人对其无过错承担举证责任；⑤饲养动物致人损害的侵权诉讼，由动物饲养人或者管理人就受害人有过错或者第三人有过错承担举证责任；⑥因缺陷产品致人损害的侵权诉讼，由产品的生产者就法律规定的免责事由承担举证责任；⑦因共同危险行为致人损害的侵权诉讼，由实施危险行为的人就其行为与损害结果之间不存在因果关系承担举证责任；⑧因医疗行为引起的侵权诉讼，由医疗机构就医疗行为与损害结果之间不存在因果关系及不存在医疗过错承担举证责任。有关法律对侵权诉讼的举证责任有特殊规定的，从其规定。

而本题涉及的是其中第 4 种情形，即"建筑物或者其他设施以及建筑物上的搁置物、悬挂物发生倒塌、脱落、坠落致人损害的侵权诉讼，由所有人或者管理人对其无过错承担举证责任"，而本题中考查的是甲的伤害到底是不是由乙的花盆坠落导致的，对于该争议事实就要由原告方甲来证明了，只是对于花盆坠落是否存在过错才由乙来举证。本案中，丙是证人，证人并不承担举证责任，所以答案 D 肯定错误，本题从出题者的本意来看，宜为选 A。

【答案】A

3. 民事诉讼中的举证期限是如何确定的？（2004 年）

A. 可以由当事人协商一致，并经人民法院认可

B. 可以由原告指定

C. 可以由被告指定

D. 如果当事人协商一致，不必经人民法院认可

【解析】根据《证据规定》第 33 条规定，举证期限的确定有两种情形：当事人协商和法院指定。当事人协商确定举证期限的，须经人民法院认可。

【答案】A

4. 当事人对自己的主张只有本人陈述而不能提出其他相关证据的，在下列哪一情况下，法院对其主张可予以支持？（2004 年）

A. 对方当事人认可

B. 本人陈述前后没有矛盾

C. 陈述人具有较高的诚信度

D. 陈述人具有完全的民事行为能力

【解析】《证据规定》第 76 条规定，当事人对自己的主张，只有本人陈述而不能提出其他相关证据的其主张不予支持。但对方当事人认可的除外。

【答案】A

5. 在某一民事案件的审理过程中，原告一方因无法获得作为档案材料存放在某单位的证据，申请法院进行调查。庭审中对该证据的质证，应当如何进行？（2005 年）

A. 应当由原、被告双方进行质证

B. 应当由被告与法院进行质证

C. 应当由被告与保管该证据的某单位进行质证

D. 法院对该证据进行说明，无需质证

【解析】质证是当事人的一项重要诉讼权利，根据《证据规定》第 47 条的规定，证据应当在法庭上出示，由双方当事人质证，未经质证的证据，不能作为认定案件事实的根据。应当注意的是民事诉讼中的证据，无论是法院依职权主动调取的还是依当事人申请调查收集的，都同当事人自己收集的一样，应当质证。故选项 A 是正确的。

【答案】A

6. 下列关于证人及证人证言的表述，哪一项是错误的？（2005 年）

A. 凡是了解案件情况的人都有义务出庭作证

B. 当事人申请证人出庭作证应当经人民法院许可

C. 与当事人一方有亲戚关系的人不能作为证人

D. 无诉讼行为能力的人在一定情况下可以作为证人

【解析】正确解答本题的关键在于对证人与证人证言的准确理解。根据《民事诉讼法》第 70 条的规定，凡是知道案件情况的单位和个人，都有义务出庭作证。不能正确表达意志的人，不能作为证人。因此选项 A 正确，选项 C 错误。另外，《证据规定》第 54 条规定，当事人申请证人出庭作证，应当在举证期限届满 10 日前提出，并经人民法院许可。所以，选项 B 正确。《证据规定》第 53 条规定，待证事实与其年龄、智力状况或者精神健康状况相适应的无民事行为能力人和限制民事行为能力人可以作为证人。故选项 D 正确。

【答案】C

7. 民事诉讼中下列哪种证据属于间接证据？（2006 年）

A. 无法与原件、原物核对的复印件、复制品

B. 无正当理由未出庭作证的证人证言

C. 证明夫妻感情破裂的证据

D. 与一方当事人或者代理人有利害关系的证人出具的证言

【解析】间接证据是指不能直接证明案件事实的证据。其最大特点是证明力的或然性，间接证据一般须与其他证据结合起来证明案件事实。A、

B、D 项列举的证据属于《证据规定》第 69 条所规定的不能单独作为认定案件事实依据的证据，但是作为物证和证人证言，却可能直接证明案件事实，所以不必然就属于间接证据。而要证明夫妻感情破裂只能以其他事实推论，对这些事实证明的证据即属间接证据。故本题应选 C

【答案】C

8. 在民事诉讼普通程序中，根据有关司法解释，关于举证期限，下列哪一选项是正确的？（2007 年）

A. 举证期限只能由法院指定

B. 举证期限可以由当事人协商确定，不需法院认可

C. 当事人在举证期限内提交证据确有困难的，可以在举证期限届满之后申请延长

D. 法院指定的举证期限不得少于 30 日

【解析】《证据规定》第 33 条规定，人民法院应当在送达案件受理通知书和应诉通知书的同时向当事人送达举证通知书。举证通知书应当载明举证责任的分配原则与要求、可以向人民法院申请调查取证的情形、人民法院根据案件情况指定的举证期限以及逾期提供证据的法律后果。举证期限可以由当事人协商一致，并经人民法院认可。由人民法院指定举证期限的，指定的期限不得少于 30 日，自当事人收到案件受理通知书和应诉通知书的次日起计算。根据该条的规定，可见举证期限的确定有两种方式，一是由人民法院指定，且不得少于 30 日；二是由当事人协商确定，但要经人民法院认可。因此，A 项说举证期限只能由法院指定错误，B 项认为当事人协商确定举证期限不需要法院认可，也错误，而 D 项正确。根据《证据规定》第 36 条的规定，当事人在举证期限内提交证据材料确有困难的，应当在举证期限内向人民法院申请延期举证，经人民法院准许，可以适当延长举证期限。因此，C 项说法错误，申请延长只能在举证期限内提出，而非举证期限届满后提出。

【答案】D

9. 甲养的宠物狗将乙咬伤，乙起诉甲请求损害赔偿。诉讼过程中，甲认为乙被咬伤是因为乙故意逗狗造成的。关于本案中举证责任的分配，下列哪一选项是正确的？（2007 年）

A. 甲应当就乙受损害与自己的宠物狗没有因果关系进行举证

B. 甲应当对乙故意逗狗而遭狗咬伤的事实负举证责任

C. 乙应当就自己没有逗狗的故意负举证责任

D. 乙应当就自己受到甲的宠物狗伤害以及自己没有逗狗的故意负举证责任

**【解析】** 本题考的是证据制度中一项重要的制度，即举证责任的例外。此项内容，是每年司法考试中的一项必考内容。

《证据规定》第 4 条是对该制度的具体规定：下列侵权诉讼按照以下规定承担举证责任：①因新产品制造方法发明专利引起的专利侵权诉讼，由制造同样产品的单位或者个人对其产品制造方法不同于专利方法承担举证责任；②高度危险作业致人损害的侵权诉讼，由加害人就受害人故意造成损害的事实承担举证责任；③因环境污染引起的损害赔偿诉讼，由加害人就法律规定的免责事由及其行为与损害结果之间不存在因果关系承担举证责任；④建筑物或者其他设施以及建筑物上的搁置物、悬挂物发生倒塌、脱落、坠落致人损害的侵权诉讼，由所有人或者管理人对其无过错承担举证责任；⑤饲养动物致人损害的侵权诉讼，由动物饲养人或者管理人就受害人有过错或者第三人有过错承担举证责任；⑥因缺陷产品致人损害的侵权诉讼，由产品的生产者就法律规定的免责事由承担举证责任；⑦因共同危险行为致人损害的侵权诉讼，由实施危险行为的人就其行为与损害结果之间不存在因果关系承担举证责任；⑧因医疗行为引起的侵权诉讼，由医疗机构就医疗行为与损害结果之间不存在因果关系及不存在医疗过错承担举证责任。有关法律对侵权诉讼的举证责任有特殊规定的，从其规定。

本题考的是该条第 5 项的内容，饲养动物致人损害的侵权诉讼，所有人或者管理人对其无过错承担举证责任。根据《民法通则》第 127 条的规定，受害人和第三人的过错，构成所有人免责的事由，所有人或者管理人应当对受害人或者第三人的过错承担举证责任。

**【答案】** B

10. 王某承包了 20 亩鱼塘。某日，王某发现鱼塘里的鱼大量死亡，王某认为鱼的死亡是因为附近的腾达化工厂排污引起，遂起诉腾达化工厂请求赔偿。腾达化工厂辩称，根本没有向王某的鱼塘进行排污。关于化工厂是否向鱼塘排污的事实举证责任，下列哪一选项是正确的？（2008 年）

A. 根据"谁主张、谁举证"的原则,应当由主张存在污染事实的王某负举证责任

B. 根据"谁主张、谁举证"的原则,应当由主张自己没有排污行为的腾达化工厂负举证责任

C. 根据"举证责任倒置"的规则,应当由腾达化工厂负举证责任

D. 根据本证与反证的分类,应当由腾达化工厂负举证责任

【解析】在环境污染致人损害的案件中,对于免责事由以及行为与损害结果之间不存在因果关系的举证责任,是由加害人来承担的,而对于排污的事实和受损的事实,则应该由受害人承担举证责任,所以本题正确答案是 A。

【答案】A

11. 关于证人的表述,下列哪一选项是正确的?(2008 年)

A. 王某是未成年人,因此,王某没有证人资格,不能作为证人

B. 原告如果要在诉讼中申请证人出庭作证,应当在举证期限届满前提出,并经法院许可

C. 甲公司的诉讼代理人乙律师是目击案件情况发生的人,对方当事人丙可以向法院申请乙作为证人出庭作证,如法院准许,则乙不得再作为甲公司的诉讼代理人

D. 李某在法庭上宣读未到庭的证人的书面证言,该书面证言能够代替证人出庭作证

【解析】《民事诉讼法》第 70 条规定,凡是知道案件情况的单位和个人,都有义务出庭作证。有关单位的负责人应当支持证人作证。证人确有困难不能出庭的,经人民法院许可,可以提交书面证言。不能正确表达意志的人,不能作证。由此 A、D 是错误的;《证据规定》第 54 条规定当事人申请证人出庭作证,应当在举证期限届满 10 日前提出,并经人民法院许可。由此,B 是错误的,不当选;本题正确答案是 C,这是因为证人的身份和其他诉讼法律关系主体的身份发生冲突的时候,证人身份优先。

【答案】C

12. 甲对乙提起返还借款的诉讼,就乙向甲借款的事实进行证明,根据民事诉讼理论,下列哪一选项属于直接证据?(2008 年·四川)

A. 甲向法院提交的乙向其借款时出具的借据的复印件

B. 甲向法院提交的其向乙的银行卡转款的银行凭条

C. 甲的朋友丙向法院提供的曾听甲说乙要向甲借钱的证词

D. 甲的同事丁向法院提供的曾见到甲交给过乙钱的证词

【解析】直接证据是指能够单独、直接证明案件主要事实的证据。A项中"借据的复印件"，虽然其证明力比原件的证明力小一些，但是其能单独、直接证明借款事实，因此属于直接证据。B项中的"银行卡转款凭条"、C项中的"曾经听说的证人证言"、D项中的"曾见到甲交给过乙钱的证词"都不足以证明乙向甲借钱的事实，因此不是直接证据，而属于间接证据，故本题的正确答案是A。

【答案】A

13. 赵某与江某路经一栋居民楼时，六楼黄某家阳台上的花盆坠落砸中赵某，致其重伤，共花费医疗费3万元。赵某将黄某告至法院要求赔偿，而黄某否认赵某受伤系自家花盆坠落所致。对此争议事实的举证责任，下列哪一选项是正确的？（2008年·四川）

A. 赵某

B. 黄某

C. 赵某和黄某

D. 赵某和江某

【解析】《证据规定》第2条规定，当事人对自己提出的诉讼请求所依据的事实或者反驳对方诉讼请求所依据的事实有责任提供证据加以证明。第4条规定，建筑物或者其他设施以及建筑物上的搁置物、悬挂物发生倒塌、脱落、坠落致人损害的侵权诉讼，由所有人或者管理人对其无过错承担举证责任。本题中，黄某家阳台上的花盆属于建筑物上的搁置物，其坠落致人损害的侵权诉讼，根据规定，所有人黄某只是对自己无过错承担举证责任，而赵某主张的事实应当由赵某承担举证责任，因此本题的正确答案是A。

【答案】A

14. 在民事诉讼中，下列哪一选项属于当事人可以协商确定的事项？（2008年·四川）

A. 审判组织形式

B. 合同案件的管辖法院

C. 案件是否开庭审理

D. 举证责任的分配

【解析】《民事诉讼法》第 25 条规定，合同的双方当事人可以在书面合同中协议选择被告住所地、合同履行地、合同签订地、原告住所地、标的物所在地人民法院管辖，但不得违反本法对级别管辖和专属管辖的规定。根据法律规定，合同案件的管辖法院可以由当事人协商确定，而 A、C、D 三项均是由法律直接予以规定，不能由当事人协商确定，故本题的正确答案为 B。

【答案】B

15. 关于证据理论分类的表述，下列哪一选项是正确的？（2009 年）

A. 传来证据有可能是直接证据

B. 诉讼中原告提出的证据都是本证，被告提出的证据都是反证

C. 证人转述他人所见的案件事实都属于间接证据

D. 一个客观与合法的间接证据可以单独作为认定案件事实的依据

【解析】本题考核证据的分类。

根据证据的来源不同将证据分为原始证据和传来证据。原始证据是直接来源于案件事实而未经中间环节传播的证据；传来证据是指经过中间环节辗转得来，非直接来源于案件事实的证据。根据证据与案件事实的关系可以将证据分为直接证据和间接证据。直接证据是指能单独、直接证明案件主要事实的证据；间接证据是指不能单独、直接证明案件主要事实的证据。如果是经过了中间环节辗转得来，但是单独可以直接证明案件主要事实的证明，则该证据既是传来证据也是直接证据。因此，A 项正确。

根据证据与证明责任承担者的关系，将证据分为本证与反证。本证，是指在民事诉讼中负有证明责任的一方当事人提出的用于证明自己所主张事实的证据；反证，是指没有证明责任的一方当事人提出的用于证明对方主张事实不真实的证据。本证与反证与当事人在诉讼中是原告还是被告没有关系，而与证据是否承担证明责任的人提出有直接关系。因此，B 项错误。

证人所转述他人所见的案件事实都属于传来证据，传来证据也可能是直接证据，而非都属于间接证据。因此，C 项错误。

间接证据是指不能单独、直接证明案件主要事实的证据。根据间接证据的定义可知，间接证据本身就是不能单独、直接的证明案件主要事实，因此，无论什么样的间接证据都不能单独作为认定案件事实的依据。因此，D 项错误。

【答案】A

16. 关于举证时限和证据交换的表述，下列哪一选项是正确的？（2009年）

A. 证据交换可以依当事人的申请而进行，也可以由法院依职权决定而实施

B. 民事诉讼案件在开庭审理前，法院必须组织进行证据交换

C. 当事人在举证期限内提交证据确有困难的，可以在举证期限届满之后申请延长，但只能申请延长一次

D. 当事人在举证期限内未向法院提交证据材料的，在法庭审理过程中无权再提交证据

【解析】本题考核举证时限和证据交换的相关知识点。《证据规定》第37 条规定，经当事人申请，人民法院可以组织当事人在开庭审理前交换证据。人民法院对于证据较多或者复杂疑难的案件，应当组织当事人在答辩期届满后、开庭审理前交换证据。

根据上述规定可知，证据交换可以依当事人申请而进行，也可以由法院依职权决定而实施。因此，A 项正确。

根据《证据规定》第37 条第1 款规定，经当事人申请的，法院可以组织当事人在开庭审理前交换证据，而非是应当或必须在开庭审理前组织证据交换。另外，《证据规定》第38 条规定，交换证据的时间可以由当事人协商一致并经人民法院认可，也可以由人民法院指定。人民法院组织当事人交换证据的，交换证据之日举证期限届满。当事人申请延期举证经人民法院准许的，证据交换日相应顺延。因此，B 项说法错误。

《证据规定》第36 条规定，当事人在举证期限内提交证据材料确有困难的，应当在举证期限内向人民法院申请延期举证，经人民法院准许，可以适当延长举证期限。当事人在延长的举证期限内提交证据材料仍有困难的，可以再次提出延期申请，是否准许由人民法院决定。据此可知，申请延期举证的次数并不限于一次，只是从第二次开始，是否准许由法院决

定。因此，C 项错误。

《民事诉讼法》第 125 条第 1 款规定，当事人在法庭上可以提出新的证据。《证据规定》第 41 条第 1 项规定，一审程序中的新的证据包括：当事人在一审举证期限届满后新发现的证据；当事人确因客观原因无法在举证期限内提供，经人民法院准许，在延长的期限内仍无法提供的证据。据此可知，当事人在举证期限内未向法院提交证据材料的，如果该证据材料属于法定的"新证据"的话，仍然可以在法庭审理过程中提出。因此，D 项错误。

【答案】A

17. 关于自认的说法，下列哪一选项是错误的？（2009 年）

A. 自认的事实允许用相反的证据加以推翻

B. 身份关系诉讼中不涉及身份关系的案件事实可以适用自认

C. 调解中的让步不构成诉讼上的自认

D. 当事人一般授权的委托代理人一律不得进行自认

【解析】本题考核自认的相关知识点。所谓自认，是指一方当事人对另一方当事人主张的案件事实予以承认。《证据规定》第 8 条第 4 款规定，当事人在法庭辩论终结前撤回承认并经对方当事人同意，或者有充分证据证明其承认行为是在受胁迫或者重大误解情况下作出且与事实不符的，不能免除对方当事人的举证责任。据此可知，如果有充分证据证明当事人承认行为是在受胁迫、重大误解的情况下作出的，且与事实不符的，该承认是没有约束力的。因此，A 项正确。

《证据规定》第 8 条第 1 款规定，诉讼过程中，一方当事人对另一方当事人陈述的案件事实明确表示承认的，另一方当事人无需举证。但涉及身分关系的案件除外。据此可知，自认制度适用案件的范围是有限的，涉及身份关系的案件不能适用自认制度。但是在身份关系的案件中，如不涉及身份关系的案件事实是可以适用自认制度的。因此，B 项正确。

《证据规定》第 67 条规定，在诉讼中，当事人为达成调解协议或者和解的目的作出妥协所涉及的对案件事实的认可，不得在其后的诉讼中作为对其不利的证据。据此可知，在调解中的让步是当事人为了更好的解决纠纷，在不承认对方主张事实的情况作出的让步，而非完全的无条件的承认对方主张事实的行为，该种情况下的让步不构成诉讼上的自认。因此，C

项正确。

《证据规定》第 8 条第 3 款规定，当事人委托代理人参加诉讼的，代理人的承认视为当事人的承认。但未经特别授权的代理人对事实的承认直接导致承认对方诉讼请求的除外；当事人在场但对其代理人的承认不作否认表示的，视为当事人的承认。据此可知，在一般授权的情况下，如果当事人在场，且对其代理人的承认不作否定表示的，代理人的承认是视为当事人的承认，即承认有效。因此，D 项错误。

【答案】D

18. 郭某诉张某财产损害一案，法院进行了庭前调解，张某承认对郭某财产造成损害，但在赔偿数额上双方无法达成协议。关于本案，下列哪一选项是正确的？（2010 年）

A. 张某承认对郭某财产造成损害，已构成自认

B. 张某承认对郭某财产造成损害，可作为对张某不利的证据使用

C. 郭某仍需对张某造成财产损害的事实举证证明

D. 法院无需开庭审理，本案事实清楚可直接作出判决

【解析】关于自认的法律效果，规定在《证据规定》第 8 条和第 67 条中。本题是对第 67 条的考查。根据《证据规定》第 67 条的规定，在诉讼中，当事人为达成调解协议或者和解的目的作出妥协所涉及的对案件事实的认可，不得在其后的诉讼中作为对其不利的证据。因此，A、B 项错误。C 项正确。第一审民事案件，法院未经开庭审理，不得径行裁判。所以，D 项错误。综上所述，本题应选 C 项。

【答案】C

## 二、多项选择题

1. 《民事诉讼法》第 125 条第 1 款规定"当事人在法庭上可以提出新的证据"，该"新的证据"所指的是下列哪些情形？（2002 年）

A. 当事人在诉讼之前就持有，但在一审诉讼过程中一直没有向人民法院提供，到二审程序时，当事人才向人民法院出示的证据

B. 当事人在举证期限届满后才发现的证据。

C. 当事人在二审中向人民法院提供的在一审结束后才发现的证据

D. 当事人在举证期限内因主观原因未能在举证期限内提供，但在法庭

开庭时向法庭出示的证据

【解析】本题考查民事诉讼法规定的有关证据的知识。这是一个直接考查法律条文的题目，具体法律依据是《证据规定》第41条。依据该条规定，《民事诉讼法》第125条第1款规定的"新的证据"，是指以下情形：①一审程序中的新的证据包括：当事人在一审举证期限届满后新发现的证据；当事人确因客观原因无法在举证期限内提供，经人民法院准许，在延长的期限内仍无法提供的证据。②二审程序中的新的证据包括：一审庭审结束后新发现的证据；当事人在一审举证期限届满前申请人民法院调查取证未获准许，二审法院经审查认为应当准许并依当事人申请调取的证据。故本题中选项A、D项为错误说法，应予排除。

【答案】BC

2．下列哪些证据不能单独作为认定案件事实的证据？（2002年）

A．当事人李某的妻子袁某向法院作出的有利于李某的证言

B．原告陈某向法院提交的其采用偷录方法录下的用以证明被告刘某欠其5000元人民币的录音带，该录音带部分关键词的录音听不清楚

C．由未成年人所作出的各类证言

D．原告提出的字迹清晰的合同文书复印件，但该合同文书的原件已丢失，且被告不承认其与原告存在有该合同文书复印件所表述的法律关系

【解析】本题考查民事诉讼法规定的有关证据的知识。这也是一个直接考查法律条文的题目，具体法律依据是《证据规定》第69条，依据该条规定，不能单独作为认定案件事实的证据包括：①未成年人所作的与其年龄和智力状况不相当的证言；②与一方当事人或者其代理人有利害关系的证人出具的证言；③存有疑点的视听资料；④无法与原件、原物核对的复印件、复制品；⑤无正当理由未出庭作证的证人证言。本题中选项C表述过于绝对，应予排除。

【答案】：ABD

3．下列关于民事诉讼自认及其法律后果的说法，哪些是错误的？（2005年）

A．老张诉小张的赡养纠纷案件中，小张对老张陈述的收养事实明确表示承认，老张对形成收养关系的事实无需举证

B. 对原告甲陈述的事实，被告乙不置可否，法官充分说明并询问后，乙仍不予回答，视为对该项事实的承认

C. 经当事人特别授权的代理律师在诉讼中对案件事实的承认，视为当事人的承认，但因此而导致承认对方诉讼请求的除外

D. 被告只要在法庭辩论终结前声明撤回承认，其在庭审过程中的承认即无效

【解析】该题直接考查民事诉讼中的自认。自认即诉讼中若一方当事人对另一方当事人所陈述的案件事实表示明确的承认，被承认的事实则不需要证明。

《证据规定》第8条明确规定："诉讼过程中，一方当事人对另一方当事人陈述的案件事实明确表示承认的，另一方当事人无需举证。但涉及身分关系的案件除外。对一方当事人陈述的事实，另一方当事人既未表示承认也未否认，经审判人员充分说明并询问后，其仍不明确表示肯定或者否定的，视为对该项事实的承认。当事人委托代理人参加诉讼的，代理人的承认视为当事人的承认。但未经特别授权的代理人对事实的承认直接导致承认对方诉讼请求的除外；当事人在场但对其代理人的承认不作否认表示的，视为当事人的承认。当事人在法庭辩论终结前撤回承认并经对方当事人同意，或者有充分证据证明其承认行为是在受胁迫或者重大误解情况下作出且与事实不符的，不能免除对方当事人的举证责任。"所以，选项A与D是错误的。

【答案】AD

4. 下列哪些证据不能单独作为认定案件事实的依据？（2005年）

A. 未成年人所作的与其年龄和智力状况不相当的证言

B. 与一方当事人的代理人有利害关系的证人出具的证言

C. 存有疑点的视听资料

D. 无正当理由未出庭作证的证人证言

【解析】该题直接考查不能单独作为认定案件事实依据的法定情形。根据《证据规定》第69条的规定，下列证据不能单独作为认定案件事实的依据：①未成年人所作的与其年龄和智力状况不相当的证言；②与一方当事人或者其代理人有利害关系的证人出具的证言；③存有疑点的视听资料；④无法与原件、原物核对的复印件、复制品；⑤无正当理由未出庭作

证的证人证言。选项 A、B、C、D 均不能单独作为认定案件事实的依据。

【答案】ABCD

5. 甲工厂的生产污水流入李某承包的鱼塘，致使鱼虾死亡，损失 2 万元。李某起诉，请求甲工厂赔偿。下列哪些事实应当由甲工厂承担举证责任？（2005 年）

A. 甲工厂的生产污水是否流入李某承包的鱼塘

B. 李某承包的鱼塘鱼虾死亡造成损失的具体数额

C. 鱼虾死亡的原因是否为甲工厂污水所致

D. 是否具有免责事由

【解析】该题直接考查举证责任分配的例外规定。根据《证据规定》第 4 条第 1 款第 3 项"因环境污染引起的损害赔偿诉讼，由加害人就法律规定的免责事由及其行为与损害结果之间不存在因果关系承担举证责任"的规定，选项 C 与 D 的事实由被告甲工厂承担举证责任。《民事诉讼法》第 64 条规定，当事人对自己提出的主张，有责任提供证据。李某作为环境污染的受害方，要支持其主张，他至少应证明进入其鱼塘的污水是甲工厂排放的以及因此给其造成损害的具体数额。所以，A、B 项错误。

【答案】CD

6. 齐某被宏大公司的汽车撞伤，诉至法院要求赔偿损失。下列关于本案举证责任的哪些说法是正确的？（2006 年）

A. 原告齐某应当举证证明是被宏大公司的汽车所撞受伤

B. 原告齐某应当对自己受到的损失承担举证责任

C. 被告宏大公司应当对其主张的自己没有过错承担举证责任

D. 被告宏大公司应当对其主张的原告齐某有主观故意承担举证责任

【解析】《证据规定》第 2 条规定，当事人对自己提出的诉讼请求所依据的事实或者反驳对方诉讼请求所依据的事实有责任提供证据加以证明。没有证据或者证据不足以证明当事人的事实主张的，由负有举证责任的当事人承担不利后果。本案中原告齐某应当举出证据证明自己受到的损害事实，被告宏大公司的侵权行为和自己的损害之间的因果联系，被告宏大公司无需证明自己没有过错，交通事故中机动车致行人侵害适用无过错原则。故 A 项、B 项正确，C 项错误。但是如果宏大公司为反驳原告提出齐某有主观故意的话则需提出证据加以证明，故 D 项正确。

【答案】ABD

7. 根据《民事诉讼法》和有关司法解释，当事人可以约定下列哪些事项？（2006 年）

    A. 约定合同案件的管辖法院

    B. 约定离婚案件的管辖法院

    C. 约定举证时限

    D. 约定合议庭的组成人员

【解析】本题考察民事诉讼中可约定的事项。根据《民事诉讼法》第 25、242 条的规定，涉外合同纠纷或涉外财产权益纠纷的双方当事人可约定案件的管辖法院，离婚等身份关系的案件的当事人不能选择案件的管辖法院。故 A 项符合题意，B 项不对。《证据规定》第 33 条第 2 款规定，举证期限可以由当事人协商一致，并经人民法院认可。故 C 项符合题意。合议庭的组成人员由人民法院决定，当事人无权选择，故 D 项不符合题意。

【答案】AC

8. 原告诉请被告返还借款 5 万元，为证明这一事实，原告向法院提交了被告书写的"借据"；被告则主张"借款已经清偿"，并向法院出示了原告交给他的"收据"。关于原、被告双方的证据，下列哪些选项是正确的？（2007 年）

    A. "借据"是本证，"收据"是反证

    B. "借据"是本证，"收据"也是本证

    C. "借据"是直接证据，"收据"是间接证据

    D. "借据"是直接证据，"收据"也是直接证据

【解析】本题考的是证据的分类。AB 项考的是本证和反证的问题。本证，是对主张事实负有举证责任的当事人所提出的支持其主张的证据。反证是对该事实不负有举证责任的当事人所提出的反驳对方主张的证据。要区分是本证还是反证，就要找到证据的核心事实，看谁对此负有举证责任。这时我们就要看案情。原告对自己的债权成立负有举证责任，因此，其提出的"借据"属于本证；被告对自己提出的债务已经履行的主张负有举证责任，因此，其"收据"也是本证。因此，A 错，B 对。CD 项考的是直接证据和间接证据的问题。直接证据是能够单独、直接证明待证事实的全部或者部分的证据。间接证据是通过与其他证据结合在一起才能证明

待证事实的证据。"借据"可以直接证明原告的债权成立的主张,"收据"可以直接证明被告的债务已经履行的主张,因此都是直接证据。因此,C错,D对。

【答案】BD

9. 三个小孩在公路边玩耍,此时,一辆轿车急速驶过,三小孩捡起石子向轿车扔去,坐在后排座位的刘某被一石子击中。刘某将三小孩起诉至法院。关于本案举证责任分配,下列哪些选项是正确的?(2008 年)

A. 刘某应对三被告向轿车投掷石子的事实承担举证责任

B. 刘某应对其所受到损失承担举证责任

C. 三被告应对投掷石子与刘某所受损害之间不存在因果关系承担举证责任

D. 三被告应对其主观没有过错承担举证责任

【解析】根据民事诉讼"谁主张,谁举证"的举证责任分配规则,刘某要对三被告向轿车投掷石子的事实和其本身受到的损失承担举证责任,A 和 B 的说法正确。《最高人民法院关于审理人身损害赔偿案件适用法律若干问题的解释》第 4 条规定,二人以上共同实施危及他人人身安全的行为并造成损害后果,不能确定实际侵害行为人的,应当依照民法通则第一百三十条规定承担连带责任。共同危险行为人能够证明损害后果不是由其行为造成的,不承担赔偿责任,由此 C 的说法正确。根据最高人民法院《关于审理人身损害赔偿案件适用法律若干问题的解释》第 4 条举证责任分配的规定,三被告的免责事由是损害后果不是由其行为造成的,而非主观没有过错,因此,D 的说法错误,不当选,本题正确答案是 ABC。

【答案】ABC

10. 关于民事诉讼中的证据收集,下列哪些选项是正确的?(2008 年)

A. 在王某诉齐某合同纠纷一案中,该合同可能存在损害第三人利益的事实,在此情况下法院可以主动收集证据

B. 在胡某诉黄某侵权一案中,因客观原因胡某未能提供一项关键证据,在此情况下胡某可以申请法院收集证据

C. 在周某诉贺某借款纠纷一案中,周某因自己没有时间收集证据,于是申请法院调查收集证据,在此情况下法院应当进行调查收集

D. 在武某诉赵某一案中,武某申请法院调查收集证据,但未获法院准

许，武某可以向受案法院申请复议一次

【解析】《证据规定》第15条规定，《民事诉讼法》第64条规定的"人民法院认为审理案件需要的证据"，是指以下情形：①涉及可能有损国家利益、社会公共利益或者他人合法权益的事实；②涉及依职权追加当事人、中止诉讼、终结诉讼、回避等与实体争议无关的程序事项。由此，A的说法正确，当选；《民事诉讼法》第64条规定，当事人对自己提出的主张，有责任提供证据。当事人及其诉讼代理人因客观原因不能自行收集的证据，或者人民法院认为审理案件需要的证据，人民法院应当调查收集。人民法院应当按照法定程序，全面地、客观地审查核实证据。《民诉意见》第73条规定，依照民事诉讼法第64条第2款规定，由人民法院负责调查收集的证据包括：①当事人及其诉讼代理人因客观原因不能自行收集的；②人民法院认为需要鉴定、勘验的；③当事人提供的证据互相有矛盾、无法认定的；④人民法院认为应当由自己收集的其他证据。由此，B是正确的，当选；C的说法错误，不当选；《证据规定》第19条规定，当事人及其诉讼代理人申请人民法院调查收集证据，不得迟于举证期限届满前7日。人民法院对当事人及其诉讼代理人的申请不予准许的，应当向当事人或其诉讼代理人送达通知书。当事人及其诉讼代理人可以在收到通知书的次日起3日内向受理申请的人民法院书面申请复议一次。人民法院应当在收到复议申请之日起5日内作出答复。由此，D是正确的。所以本题正确答案是ABD。

【答案】ABD

11. 关于举证责任分配，下列哪些选项是正确的？（2008年·四川）

A. 县供电局安装的高压线电死了刘某的牛，刘某诉请损害赔偿，县供电局应就其对刘某的牛的死不存在过错承担举证责任

B. 张某因被李某养的狗咬伤诉至法院，要求李某赔偿。李某应就其对张某被狗咬伤不存在过错承担举证责任

C. 陈某委托黄某去广州购买一批牛仔裤，后因牛仔裤滞销，陈某不承认黄某是代理自己去购买牛仔裤。黄某应就自己是否有代理权的事实承担举证责任

D. 王某因被A公司辞退不服而诉至法院，A公司应对辞退王某的事实承担举证责任

【解析】《证据规定》第4条规定："……②高度危险作业致人损害的侵权诉讼，由加害人就受害人故意造成损害的事实承担举证责任；……⑤饲养动物致人损害的侵权诉讼，由动物饲养人或者管理人就受害人有过错或者第三人有过错承担举证责任；……。"A项属于高度危险作业，由县供电局就刘某故意造成损害事实承担举证责任，故A项错误。B项由李某对张某有过错或第三人有过错承担举证责任，故B项错误。第5条第3款规定，对代理权发生争议的，由主张有代理权一方当事人承担举证责任。因此C项正确。第6条规定，在劳动争议纠纷案件中，因用人单位作出开除、除名、辞退、解除劳动合同、减少劳动报酬、计算劳动者工作年限等决定而发生劳动争议的，由用人单位负举证责任。因而D项正确。本题的正确答案是CD。

【答案】CD

12. 关于证据的种类，下列哪些选项是正确的？（2008年·四川）

A. 患者王某以误诊为由起诉某医院。王某提交的医院病历和X光片均属于鉴定结论

B. 李某在某杂志上发表了一篇披露黄某隐私的文章。黄某诉至法院并提交了该杂志，该杂志属于书证

C. 张某认为徐某伪造遗嘱侵犯其继承权，向法院起诉徐某。张某提供了该份遗嘱，该遗嘱属于书证

D. 周某驾车回家途中将行人吴某撞伤，交警冯某当时正处在事故现场，于是按照双方责任开具了事故认定书。吴某诉至法院要求周某赔偿，并提供了事故认定书，该事故认定书属于勘验笔录

【解析】物证是指证明案件真实情况的一切物品和痕迹。所谓物品是指与案件事实有联系的客观实在物，如作案工具、赃款赃物等；所谓痕迹，是指物体相互作用所产生的印痕和物体运动时所产生的轨迹，如脚印、指纹等。书证是指以其记载的内容和反映的思想来证明案件真实情况的书面材料或其他物质材料。鉴定结论是指公安司法机关为了解决案件中某些专门性问题，指派或聘请具有这方面专门知识和技能的人，进行鉴定后所做的书面结论。勘验笔录是指办案人员对与犯罪有关的场所、物品、尸体等进行勘查、检验后所作的记录。本题中，A项的"医院病历和X光片"是以其记载的内容来证明案件事实，属于书证，故A项的说法错误。

B 项中"杂志"和 C 中的"遗嘱"是以其记载的内容和反映的思想来证明案件事实，也属于书证，故 B、C 两项说法正确。D 项中的事故认定书不符合勘验笔录的性质，因此不属于勘验笔录，其属于书证，故 D 项说法错误。

【答案】BC

13. 关于证人与鉴定人的区别，下列哪些选项是正确的？（2008 年：四川）

A. 证人只能就其所见所闻如实陈述，不能发表对案件的意见；而鉴定人则要对其所鉴定的事项发表意见

B. 证人无须具备专业知识；而鉴定人要具备一定的专业知识

C. 证人是不可替代的；而鉴定人是可以替代的

D. 证人不属于回避的对象；而鉴定人属于回避的对象

【解析】证人和鉴定人的区别如下：①在资格条件上，鉴定人有严格的资格要求，必须具备相关的专门知识和技能；而证人的资格要求只是具备辨别是非的能力和正确表达的能力，即使证人有生理缺陷和精神缺陷或者年幼，均可出庭作证。②在可否替代上，证人是就其亲身感受的案件事实向法庭作证的人。证人的基本特征就在于证人的不可替代性，这是由案件事实本身决定的，既不能由法院指派或聘任，亦不能随意替换；而鉴定人并非由案件事实所决定，其从事鉴定活动是受法院指派或聘请，因此，鉴定人是可以替换的。③在能否回避上，证人不得以与案件处理结果之间的利害关系而申请回避；而鉴定人如果有回避事由，必须执行回避的规定。④在询问规则上，对证人的询问应遵循个别和隔离的原则，证人不能了解案情；而鉴定人可以了解案情，对疑难复杂情况，可以由多个鉴定人相互商量形成最终的鉴定结论。⑤在发表的意见上，证人只能就其所知悉的案件事实陈述意见，而不能发表自己根据这些事实得出的结论和意见；但是鉴定人作为专家不受此项意见规则的限制。⑥在出庭义务上，证人出庭作证是一项普遍性的诉讼义务，一般不能拒绝；而鉴定人有正当的理由，可以拒绝接受法庭的指派或聘请，可以不出庭接受质证而只提供书面鉴定意见。故本题中，ABCD 四个答案都是正确的，均当选。

【答案】ABCD

14. 周某与某书店因十几本工具书损毁发生纠纷，书店向法院起诉，

并向法院提交了被损毁图书以证明遭受的损失。关于本案被损毁图书，属于下列哪些类型的证据？（2010 年）

A. 直接证据

B. 间接证据

C. 书证

D. 物证

【解析】关于证据的种类，规定在《民事诉讼法》63 条，本题是对证据理论的综合考查。依据证据与案件主要事实的证明关系，将证据划分为直接证据与间接证据。这里所说的证明关系，是指证据对案件主要事实是以直接证明还是间接证明的方式起证明作用。直接证据与案件主要事实的证明关系是直接的，单独一个直接证据可以不依赖于其他证据，以直接证明的方式对案件的主要事实起到证明作用。间接证据与案件主要事实的证明，必须与其他证据结合起来，以推论的方式即间接证明的方式起证明作用。单独一个间接证据不能直接证明案件的主要事实，它只能证明案件事实中的某一情节片断，同其他证据结合起来才能查明案件主要事实。结合本题，本纠纷要证明的案件事实就是工具书损毁，因此被毁损的图书直接证明了这一案件事实，因此是直接证据。

书证与物证：物证，是指以其外部特征、存在场所和物质属性证明案件事实的实物和痕迹，如指纹、脚印、笔迹、犯罪工具等。书证，是指以其上的文字、符号、图画等所记载的内容或表达的思想来证明案件事实的书面文件和其他物品。物证与书证的不同在于：物证是以其外部的特征、存在的场所或者物质的属性对案件起证明作用，而书证则是以其记载的内容或者表达的思想来对案件起证明作用的。一个记载着文字、符号、图画等内容的物品，如果是以其记载的内容或者表达的思想来证明案件事实，则是书证；如果不是如此，而是仅仅以其外部形态、物质属性等来证明案件事实，则是物证。本题中，被损毁图书并不是以其内容证明案件事实的，而是以其破损的外部形态证明案件事实，因此它为物证，D 项正确，C 项错误。综上所述，本题选择 AD。

【答案】AD

### 三、不定项选择题

1. 患者甲与某医院发生医疗纠纷。甲认为由于该医院误诊，导致其疾病没有及时得到治疗，造成了财产和精神上的损害，故向法院提起诉讼，要求医院承担相应的民事责任。甲提出病历和 X 光片保存在医院，只要医院出示病历和 X 光片就可以证明医院对此负有责任。请回答以下问题。（2003 年）

（1）原告对以下何种争议事实负有举证责任？

A. 甲在该医院就诊的事实

B. 医疗行为与损害事实之间是否存在因果关系的事实

C. 损害数额

D. 医生诊断时是否存在过错的事实

【解析】此题考查的是特殊侵权行为举证责任的承担，根据《证据规定》第 4 条第 8 项的规定："因医疗行为引起的侵权诉讼，由医疗机构就医疗行为与损害结果之间不存在因果关系及不存在医疗过错承担举证责任。"但对于其他的一些事实，仍然需要原告方举证。本题的正确答案应为 AC。

【答案】AC

（2）如果 X 光片在本案作为证据，则该证据属于《民事诉讼法》规定的何种证据？

A. 物证

B. 书证

C. 视听资料

D. 鉴定结论

【解析】本题是对证据法定种类的考查。在证据的七个种类中，书证是指以文字、符号、图画等记载的内容和表达的思想来证明案件事实的书面文件和其他物品，常见的书证主要有：合同书、遗嘱文书、票据、来往信函，电文、图纸等。书证的表现形式通常是文字，也可以是图表或其他可识别的符号；书证的载体一般是纸张，也可能是其他物品，例如墙壁、木板等。

而视听资料是指借助录音录像设备、电子计算机以及其他高科技设备储存的信息来证明案件事实的一种证据，主要表现为三种形式：①录音录像资料，是通过录音机和录像机把声音和形象如实地录制下来，然后进行重播的一种资料；②电脑贮存资料，是运用电子计算机贮存的数据和资料来证明案件事实的；③电视监视资料，即用电视监视器来观察和监视需要控制的场所、区域或特定的对象。视听资料以高科技手段，以一定的设备为载体，动态地证明案件事实，不同于书证和物证。因此，本题中的 X 光片是利用高科技手段获取，以属于视听资料为宜。

【答案】C

（3）假设医院提出甲的病历等有关资料因医院工作人员保管不善而丢失，无法提供，以下何种说法是正确的？

A. 原告不能提出其他证据证明医院有责任时，原告应当承担败诉的后果

B. 法院不考虑病历等有关资料的证据意义，根据其他有关证据认定事实

C. 由于病历等有关资料保存在医院，在医院无正当理由拒不提供该资料时，法院就可以推定原告的相关主张成立

D. 法院只有在查清案件的事实基础上才能作出判决，如果由于该资料丢失，导致案件主要事实不清，法院应当裁定驳回起诉

【解析】根据《证据规定》第 75 条的规定："有证据证明一方当事人持有证据无正当理由拒不提供，如果对方当事人主张该证据的内容不利于证据持有人，可以推定该主张成立。"因此，本题选 C 较为适合。

【答案】C

2. 2000 年 1 月甲公司的高级工程师乙研制出一种节油装置，完成了该公司的技术攻坚课题，并达到国际领先水平。2000 年 2 月甲公司将该装置样品提供给我国政府承认的某国际技术展览会展出。同年 3 月，乙未经单位同意，在向某国外杂志的投稿论文中透露了该装置的核心技术，该杂志将论文全文刊载，引起甲公司不满。同年 6 月，丙公司依照该杂志的报道很快研制了样品，并作好了批量生产的必要准备。甲公司于 2000 年 7 月向我国专利局递交专利申请书。2000 年 12 月丁公司也根据该杂志开始生产该节油装置。2003 年 5 月 7 日国务院专利行政部门授予甲公司发明专利，2003 年 7 月甲公司向法院提起诉讼，分别要求丙公司和丁公司停止侵害并

赔偿损失甲公司可以在起诉前向法院申请采取什么措施保护自己的合法权益？（2004 年）

    A. 申请诉前禁令

    B. 申请诉前先予执行

    C. 申请诉前财产保全

    D. 申请诉前证据保全

【解析】专利法第 61 条规定，"专利权人或者利害关系人有证据证明他人正在实施或者即将实施侵犯其专利权的行为，如不及时制止将会使其合法权益受到难以弥补的损害的，可以在起诉前向人民法院申请采取责令停止有关行为和财产保全的措施。"另参见《民事诉讼法》第 97、74 条，《民诉意见》第 107 条。

【答案】ACD

3. 刘某从海塘公司购买红木家具 1 套，价款为 3 万元，双方签订合同，约定如发生纠纷可向北京仲裁委员会申请仲裁。交付后，刘某发现该家具并非红木制成，便向仲裁委员会申请仲裁，请求退货。向海塘公司提供木材的红木公司可以以何种身份参加该案件的仲裁程序？（2006 年）

    A. 证人

    B. 第三人

    C. 鉴定人

    D. 被申请人

【解析】仲裁庭基于当事人的仲裁协议而获得对案件的管辖权，因此仲裁程序中不存在第三人，故 B 项错误。红木公司与海塘公司和刘某的合同纠纷没有直接的法律联系，故不能作为当事人参加仲裁，故 D 项错误。《仲裁法》第 44 条第 1 款的规定，仲裁庭对专门性问题认为需要鉴定的，可以交由当事人约定的鉴定部门鉴定，也可以由仲裁庭指定的鉴定部门鉴定。因此红木公司也不能作为鉴定人参加仲裁，故 C 项错误。故本题应选 A。

【答案】A

4. 某省海兴市的《现代企业经营》杂志刊登了一篇自由撰稿人吕某所写的报道，内容涉及到同省龙门市甲公司的经营方式。甲公司负责人汪某看到该篇文章后，认为《现代企业经营》作为一本全省范围内发行的杂志，其所发文章内容严重失实，损害了甲公司的名誉，使公司的经营受到影响。于是甲公司向法院起诉要求《现代企业经营》杂志社和吕某赔偿损失5万元，并进行赔礼道歉。一审法院仅判决杂志社赔偿甲公司3万元，未对"赔礼道歉"的请求进行处理。杂志社认为赔偿数额过高，不服一审判决提起上诉。根据上述事实，在案件的一审过程中，关于本案的证据，下列选项正确的是：（2008年）

A. 因旷工而被甲公司开除了的甲公司员工于某所提供的证言不能单独作为认定案件事实的证据

B. 吕某在采访甲公司某名保安时，采用录音笔偷录下双方的谈话，因该录音比较模糊，所以不能单独作为认定案件事实的证据

C. 甲公司提供的考勤数据表，属于一方当事人提出的证据，不能单独作为认定案件事实的证据

D. 《现代企业经营》杂志社在庭审过程中，收到了甲公司员工刚刚提供的反映甲公司员工作息时间的一份材料，该材料可以作为新证据提交法庭

【解析】《证据规定》第69条规定，下列证据不能单独作为认定案件事实的依据：①未成年人所作的与其年龄和智力状况不相当的证言；②与一方当事人或者其代理人有利害关系的证人出具的证言；③存有疑点的视听资料；④无法与原件、原物核对的复印件、复制品；⑤无正当理由未出庭作证的证人证言。于某属于与一方当事人有利害关系的证人，因此，他题供的证言不能单独作为认定案件事实的依据，A项说法正确；B项中因为录音比较模糊存在疑点，符合上述规定的第③项的要求，因此，也不能单独作为认定案件事实的依据，B项正确；C项没有法律依据，因此不选；《证据规定》第41条规定，《民事诉讼法》第125条第1款规定的"新的证据"，是指以下情形：①一审程序中的新的证据包括：当事人在一审举证期限届满后新发现的证据；当事人确因客观原因无法在举证期限内提供，经人民法院准许，在延长的期限内仍无法提供的证据；②二审程序中的新的证据包括：一审庭审结束后新发现的证据；当事人在一审举证期限届满前申请人民法院调查取证未获准许，二审法院经审查认为应当准许并依当事人申请调取的证据。根据上述规定可知，D项的证据属于一审过程中新发现的证据，因此可以作为新证据提交法庭，D项说法正确。

**【答案】** ABD

5. 香山公司（住所位于甲市 A 区）与红叶公司（住所位于乙市 B 区）签订了一份建筑合同，由红叶公司承建香山公司丙市分公司的办公楼（位于丙市 C 区）。双方同时还约定因履行该建筑合同发生的争议，双方协商解决；协商不成的，双方可以向甲市 A 区法院起诉或者向乙市 B 区法院起诉。办公楼建成后，因办公区的附属设施质量不符合合同约定，香山公司与红叶公司协商无果，香山公司向法院起诉。诉讼中双方主动申请法院调解，在调解中红叶公司承认工程所用水泥不合要求，因而影响了工程质量，但双方就赔偿无法达成协议。红叶公司在调解中承认承建的附属设施存在质量问题，关于法院如何认定该事实，下列选项正确的是：（2008年·四川）

A. 因被告红叶公司已在调解中承认了存在质量问题，形成自认，法院可以直接认定该事实

B. 法院不能直接认定该事实，但可以作为对被告不利的证据

C. 法院不能直接认定该事实，也不得作为对被告不利的证据

D. 法院可以在庭审中再次询问被告红叶公司，若红叶公司既不承认，也不否认，法院可以认定该事实成立

**【解析】**《证据规定》第 67 条规定，在诉讼中，当事人为达成调解协议或者和解的目的作出妥协所涉及的对案件事实的认可，不得在其后的诉讼中作为对其不利的证据。因此 A 项和 B 项的说法错误，C 项说法正确。该规定第 8 条第 2 款规定，对一方当事人陈述的事实，另一方当事人既未表示承认也未否认，经审判人员充分说明并询问后，其仍不明确表示肯定或者否定的，视为对该项事实的承认。因此 D 项说法正确。本题的正确答案是 CD。

**【答案】** CD

## 四、案例分析题

1. 案情：田某和苗某是前后院邻居，田某家盖的房子挡住了苗某家的采光，苗某多次交涉，田某不听，反将苗某打成重伤，田某被逮捕。在刑事诉讼过程中，苗某为提起附带民事诉讼，委托本市某律师事务所律师胡某为其诉讼代理人。胡律师接受委托后，为苗某写了如下诉状：

刑事附带民事起诉状

原告：苗×，男，34 岁，汉族，××公司职员，家住本市四方区花家胡同 20 号。

诉讼代理人：胡×，本市××律师事务所律师。

被告：田×，男，36 岁，汉族，××公司职员，家住本市四方区花家胡同 21 号。

请求事项：①请求法院依法判处被告赔偿全部医疗费、误工损失费和伤残补助费；②请求法院判处被告拆除影响原告家采光的非法建筑；③请求法院判处被告赔偿原告精神损害费 4 万元。

事实和理由：

被告田×和原告系前后院邻居。今年 3 月，被告在房屋改建过程中，不顾邻里关系，新建的房屋后檐离原告家的前窗只有半米，严重影响了原告家房屋的采光。原告多次同被告交涉，被告均置之不理。今年 4 月 1 日，原告再次找被告交涉时，被告态度更为恶劣，不但不听原告交涉，反而拿起铁锨铲原告，原告躲闪不及，右脚跟腱被铲断，虽经住院治疗 30 余天，仍然留下残疾，行走不便，经鉴定为三级伤残。以上事实，有证人××的证言，××医院的诊断证明书，以及××司法鉴定室的鉴定报告为证。

被告的上述行为，严重侵害了原告的合法权益，给原告的身心健康造成了极大的伤害，现向贵院提起刑事附带民事诉讼，请求法院依法判处。

具状人：胡×

2003 年 5 月 4 日

问题：请根据刑事附带民事诉讼的法律规定和基本理论，从对执业律师法律文书规范化的角度，分析本刑事附带民事诉状存在哪些问题，并简要说明理由。（2003 年）

【答案】尾部存在的关于证据的问题：

没有附自诉状副本和相关证据目录。正确的写法是，在具状人之后写明：

附：（1）刑事附带民事诉状×份

（2）证人××的证言

（3）××医院的诊断证明书

（4）××医院的医药费收据×张

（5）原告的工资证明一份

（6）××司法鉴定室的鉴定结论一份

2. 案情：太阳公司经营房地产开发，在有偿取得某幅土地的使用权之后，由于资金困难，与月亮公司签订了合作开发合同，约定由双方共同投资并分享该开发项目的利润。但双方未实际履行。此后，环球公司就同一幅土地以更优惠的条件与太阳公司签订了一份合作开发合同并开始实际履行。三方之间由此发生纠纷。环球公司根据其与太阳公司签订的合同中的仲裁条款申请仲裁，请求裁决确认其与太阳公司签订的合同有效，并裁决太阳公司继续履行。双方在仲裁委员会受理后自行达成了继续履行合同的和解协议，请求仲裁委员会根据和解协议制作裁决书。仲裁庭三名仲裁员中一名认为应当否定和解协议，一名认为应当制作调解书，首席仲裁员认为应当制作裁决书，最后按仲裁庭首席仲裁员的意见，根据和解协议的内容作出了裁决书并送达给了双方当事人。此后月亮公司向法院起诉，请求确认本公司与太阳公司签订的合同有效并履行该合同。

问题：对仲裁裁决中已经认定的事实，太阳公司在诉讼中能否免除举证责任？为什么？（2003 年）

【答案】能免除。已为仲裁机构的生效裁决所确认的事实，当事人无需举证证明。

3. 案情：位于某市甲区的天南公司与位于乙区的海北公司签订合同，约定海北公司承建天南公司位于丙区的新办公楼，合同中未约定仲裁条款。新办公楼施工过程中，天南公司与海北公司因工程增加工作量、工程进度款等问题发生争议。双方在交涉过程中通过电子邮件约定将争议提交某仲裁委员会进行仲裁。其后天南公司考虑到多种因素，向人民法院提起诉讼，请求判决解除合同。

法院在不知道双方曾约定仲裁的情况下受理了本案，海北公司进行了答辩，表示不同意解除合同。在一审法院审理过程中，原告申请法院裁定被告停止施工，法院未予准许。开庭审理过程中，原告提交了双方在履行合同过程中的会谈录音带和会议纪要，主张原合同已经变更。被告质证时表示，对方在会谈时进行录音未征得本方同意，被告事先不知道原告进行了录音，而会议纪要则无被告方人员的签字，故均不予认可。一审法院经过审理，判决驳回原告的诉讼请求。原告不服，认为一审判决错误，提出上诉，并称双方当事人之间存在仲裁协议，法院对本案无诉讼管辖权。

二审法院对本案进行了审理。在二审过程中，海北公司见一审法院判决支持了本公司的主张，又向二审法院提出反诉，请求天南公司支付拖欠的工程款。天南公司考虑到二审可能败诉，故提请调解，为了达成协议，表示认可部分工程新增加的工作量。后因调解不成，天南公司又表示对已认可增加的工作量不予认可。二审法院经过审理，判决驳回上诉，维持原判。

问题：（1）双方的会谈录音带和会议纪要可否作为法院认定案件事实的根据？为什么？（2004 年）

【答案】《证据规定》第 68 条规定，以侵害他人合法权益或者违反法律禁止性规定的方法取得的证据，不能作为认定案件事实的依据。

录音带可以作为认定案件事实的根据，该证据即使是秘密录音，其取得方式也是合法的，只有以侵害他人合法权益或者违反法律禁止性规定的方法获得的证据，才不能作为认定案件事实的依据；会议纪要不能作为认定案件事实的根据，其形式有欠缺，应当双方签字。

（2）天南公司已经认可增加的工作量，法院在判决中能否作为认定事实的根据？（2004 年）

【答案】不能，在诉讼中，当事人为了达成调解协议或者和解的目的作出妥协所涉及的对案件事实的认可，不得在其后的诉讼中作为对其不利的证据。

《证据规定》第 67 条规定，在诉讼中，当事人为达成调解协议或者和解的目的作出妥协所涉及的对案件事实的认可，不得在其后的诉讼中作为对其不利的证据。

4. 案情：甲系某大学三年级女生。2003 年 5 月 5 日，甲到国际知名连锁店乙超市购物，付款结账后取回自带的手袋，正要走出超市大门时，被超市保安阻拦。保安怀疑甲携带了未结账的商品，欲将甲带到超市值班经理办公室处理。甲予以否认，争执过程中引来众多顾客围观。后在经理办公室，甲应值班经理要求出示了所买商品及结账单据。值班经理将甲自带的手袋打开检查，并叫来女工作人员对甲进行了全身搜查，均未查出未结账的商品，遂将甲放走。事后，甲在超市被搜身的消息在本校乃至其他高校传开，甲成了倍受关注的"新闻人物"，对甲形成了巨大的精神压力，出现了失眠、头晕等症状，无法继续学业，医生建议其做心理治疗。甲认为乙超市侵害了自己的人格权，遂提起诉讼，请求判决乙超市赔偿精神损害 10 万元。

本案双方的主要事实争议是：乙超市在对甲进行全身搜查时，是否强令甲脱去了内衣。对此，双方均未提出充分的证据。双方的主要法律争议是：超市在每年失窃数额巨大的情况下，是否有权对顾客进行搜查。乙超市认为自己在超市内已张贴告示，保留对顾客进行搜查的权利。一审法院认为乙超市不能提出没有强令甲脱去内衣进行搜查的证据，故对脱衣搜查的事实予以认定；认为乙超市的搜查行为侵犯了甲的人格权，且侵权情节恶劣，后果较为严重，同时考虑到当地经济发展水平较高，判决被告赔偿精神损害 11 万元。乙超市不服，提出上诉。

二审法院除认为一审判决认定乙超市强令甲脱内衣进行搜查的事实证据不足外，对一审认定的其它事实予以维持，酌情改判乙超市赔偿甲精神损害 1 万元。甲对二审判决不服，以赔偿太少为由，申请再审，请求将赔偿数额改为 11 万元。

问题：请就本案一审判决、二审判决和再审申请涉及的法律问题进行简要分析：（2005 年）

【答案】

（1）一审判决数额超出了原告的请求范围，因而是错误的（可从不告不理、法院裁判的消极性、民事诉讼当事人的处分权等方面进行分析，说明其不当）。

（2）一审法院判决将举证责任归于乙超市，不符合谁主张谁举证的原则，本案不属于举证责任倒置的案件，而且未脱内衣搜查是消极事实，乙超市无法举证。因此，二审法院否定一审对脱内衣搜查的事实认定是正确的。本案应当由甲对脱内衣搜查的事实负举证责任，但由于侵权事实特殊，其证据属于当事人由于客观原因不能搜集的证据。正确的做法是由其申请法院进行调查，或结合本案其他证据和事实进行认定，如果无法认定应当根据举证责任的分配规则进行判决。

（3）甲申请再审的理由是赔偿太少。属于适用法律方面的问题，按民事诉讼法的规定，适用法律确有错误的才能再审，本案二审否定了原审对脱衣搜身的事实认定，据此在自由裁量权范围内改判，不属于适用法律确

有错误，故不应当改判，甲的再审申请不应得到支持。考生可分析法院判决的终局性和权威性如何保障，如何修改再审程序等

5. 案情：老方创作的纪实小说《村支书的苦与乐》，以某县吴村村支部书记吴某为原型进行创作，其中描述了他与村霸林申（以林甲为原型）之间斗智斗勇的冲突场面。小说在《山南海北》杂志发表后，林甲认为小说将村支书作为正义的化身进行描述，将自己作为"村霸"进行刻画，侵犯其名誉权。林甲起诉老方，请求赔偿经济损失2万元并赔礼道歉。

法院受理本案后，追加杂志社为共同被告。由于林甲死亡，法院变更其子林乙为原告，其后又准许林乙将请求赔偿经济损失的数额变更为3万元。一审过程中，被告提出了当地镇党委处理林甲相关问题的决定（档案材料）作为证据，证明小说的描述有事实根据。一审判决认为，镇党委办公室虽然给老方提供了处理决定（档案材料），但并未明确同意可据此创作小说，故该材料不能作为证据；同时认为，杂志社编辑与作家老方和林甲虽不认识，难以核实有关事实，但也不能免除侵权责任，故认定老方和杂志社构成侵权，判决赔偿经济损失3万元，并在《山南海北》上刊登小说情节失实的声明以消除影响。判决未涉及赔礼道歉的问题。

林乙、老方和杂志社均提出了上诉，二审法院经过书面审查，未接触当事人，直接裁定撤销原判发回重审。一审法院经过重审，判决支持了原告的全部诉讼请求，双方当事人均未再提出上诉。老方和杂志社在判决确定的期限内履行了赔偿义务，但拒绝赔礼道歉。

问题：如何评价法院一审判决？为什么？（2006年）

【解析】证据是指在民事诉讼过程中能够证明案件事实的各种客观事实材料。证据必须与待证事实具有关联性，并且要符合法律要求，应当具有合法性；证据是客观存在的事实，要具有客观性。《证据规定》第64条对审判人员如何认定证据做出了明确规定。"审判人员应当依照法定程序，全面、客观地审核证据，依据法律的规定，遵循法官职业道德。运用逻辑推理和日常生活经验，对证据有无证明力和证明力大小独立进行判断，并公开判断的理由和结果。"一审法院认为，镇党委办公室虽然给老方提供了处理决定，但并未明确同意可据此创作小说，故不将该材料作为证据的做法是不合法的。该证据具有客观性、合法性、关联性，审判人员应当依据法定程序，全面客观地进行审核。而不应当以镇党委办公室未同意"可

据此创作小说"为由，不作为证据材料使用。

法院应当根据诉讼请求进行裁判，不能超过诉讼请求进行裁判。同时，法院也不应当遗漏诉讼请求。原告起诉时并未要求消除影响，而一审判决消除影响超出了起诉请求，是错误的。原告起诉时要求被告赔偿经济损失2万元并赔礼道歉。而一审判决未涉及赔礼道歉的问题。遗漏了原告的诉讼请求。

【答案】一审判决认为镇党委的档案材料不能作为证据是不正确的，该证据具有真实性、合法性和关联性，可以作为证据；一审判决消除影响超出了起诉请求，是错误的；一审判决遗漏了赔礼道歉的起诉请求，是错误的。

6. 案情：甲与乙分别出资60万元和240万元共同设立新雨开发有限公司（下称新雨公司），由乙任执行董事并负责公司经营管理，甲任监事。乙同时为其个人投资的东风有限责任公司（下称东风公司）的总经理，该公司欠白云公司货款50万元未还。乙与白云公司达成协议约定：若3个月后仍不能还款，乙将其在新雨公司的股权转让20%给白云公司，并表示愿以此设质。届期，东风公司未还款，白云公司请求乙履行协议，乙以"此事尚未与股东甲商量"为由搪塞，白云公司遂拟通过诉讼来解决问题。东风公司需要租用仓库，乙擅自决定将新雨公司的一处房屋以低廉的价格出租给东风公司。乙的好友丙因向某银行借款需要担保，找到乙。乙以新雨公司的名义向该银行出具了一份保函，允诺若到期丙不能还款则由新雨公司负责清偿，该银行接受了保函且未提出异议。甲知悉上述情况后，向乙提议召开一次股东会以解决问题，乙以业务太忙为由迟迟未答应开会。公司成立3年，一次红利也未分过，目前亏损严重。甲向乙提出解散公司，但乙不同意。甲决定转让股权，退出公司，但一时未找到受让人。

问题：白云公司如想实现股权质权，需要证明哪些事实？（2007年）

【答案】①证明其与乙签订了股权质押合同；②证明股权质押已经到工商行政管理部门办理了登记。

7. 案情：2006年5月24日，受雇于刘某（车主）的张某驾车运货，途经一木桥时，桥断裂，连车带人掉入河中。张某摔伤后自费看病支付医疗费上万元。刘某多次找到该桥所有人南河公司索赔，无果。刘某于2007年1月25日将其诉至法院，要求赔偿汽车修理费、停运损失费共计13.5

万元。法院适用简易程序审理此案,指定了 15 日的举证期限,在此期间刘某向法院提供了汽车产权证、购车发票等证据。一审开庭时,刘某又向法院提供了修车发票。庭审调查中,被告南河公司主张该证据已超过举证期限,而刘某则解释说,迟延提出证据是因工作忙,未能及时索取发票,最后法官仍安排双方对该证据进行质证。经双方同意,法庭主持该案调解。在调解中,被告承认确有工作疏漏,未及时发布木桥弃用的公告;原告也承认,知道该木桥已弃用,但没想到会断裂。双方最终未能达成调解协议。2007 年 3 月 16 日,法院依据双方在调解中陈述的事实和情况,认定被告承担主要责任,原告承担次要责任;并根据相关证据判决被告赔偿原告汽车修理费、停运损失费共计 8 万元。刘某当即表示将提起上诉。

2007 年 3 月 29 日刘某因病去世。刘某之子小刘于 2007 年 4 月 5 日向法院提起上诉;同时提出相关证明材料,要求法院确认其当事人的诉讼地位,并顺延上诉期限,法院受理了小刘的上诉并同意顺延上诉期限。

2007 年 7 月 3 日二审法院作出判决:原审原告提供的汽车修理费的证据中数额不实,依据新的事实证据,被上诉人赔偿上诉人汽车修理费、停运损失费共计 4.5 万元。

问题:请指出一审法院在审理中存在的问题,并说明理由。(2007 年)

【答案】①一审法院要求被告对原告超过举证期限的证据进行质证错误,因一方当事人超过举证期限提出的证据,未经对方当事人同意,不得质证;②法院对当事人在调解中承认的事实作为认定当事人责任分担的证据错误,当事人为了达成调解协议而对相关事实的认可,不得在其后的诉讼中作为对其不利的证据。

8. 案情:肖某是甲公司的一名职员,在 2006 年 12 月 17 日出差时不慎摔伤,住院治疗两个多月,花费医疗费若干。甲公司认为,肖某伤后留下残疾已不适合从事原岗位的工作,于 2007 年 4 月 9 日解除了与肖某的劳动合同。因与公司协商无果,肖某最终于 2007 年 11 月 27 日向甲公司所在地的某省 A 市 B 区法院起诉,要求甲公司继续履行劳动合同并安排其工作,支付其住院期间的医疗费、营养费、护理费以及住院期间公司减发的工资、公司 2006 年三季度优秀员工奖奖金等共计 3.6 万元。

B 区法院受理了此案。之后,肖某向与其同住一小区的 B 区法院法官赵某进行咨询。赵某对案件谈了几点意见,同时为肖某推荐律师李某作为其诉讼代理人，并向肖某提供了本案承办法官刘某的手机号码。肖某的律师李某联系了承办法官刘某。刘某在居住的小区花园，听取了李某对案件的法律观点，并表示其一定会依法审理此案。两天后，肖某来到法院找刘某说明案件的其他情况，刘某在法院的谈话室接待了肖某，并让书记员对他们的谈话内容进行了记录。

本案经审理，一审判决甲公司继续履行合同，支付相关费用；肖某以各项费用判决数额偏低为由提起上诉。二审开庭审理时，由于一名合议庭成员突发急病住院，法院安排法官周某临时代替其参加庭审。在二审审理中，肖某提出了先予执行的申请。2008 年 5 月 12 日，二审法院对该案作出了终审判决，该判决由原合议庭成员署名。履行期届满后，甲公司未履行判决书中确定的义务。肖某向法院申请强制执行，而甲公司则向法院申请再审。

问题：诉讼中，肖某与甲公司分别应当对本案哪些事实承担举证责任？（2008 年）

【答案】肖某应当对以下事实承担举证责任：①与甲公司存在劳动合同关系；②其受伤属工伤的事实；③各项损失的事实；④未支付全额工资和奖金的事实。

甲公司应当对以下事实承担举证责任：①解除劳动合同的事实；②减少肖某住院期间工资报酬的事实。

9. 案情：王某（女）与李某（男）于 1998 年结婚后居住在某省 A 市 C 区。2003 年 1 月，李某去 B 市打工并一直居住在该市 D 区。2004 年 5 月，李某向自己所在的 B 市 D 区法院提起诉讼，要求与王某离婚，D 区法院裁定不予受理。

李某回到 A 市后，向 A 市 C 区法院起诉与王某离婚。C 区法院受理后，李某找到律师杨某进行咨询。杨某看了案件材料后，第二天向李某讲了法院将会判决离婚的意见；李某向杨某表示，某律师想代理其诉讼；杨某当即对李某说，该律师所承办的案件 85% 都打输了，同时向李某示意其同学在 A 市 C 区法院某庭当庭长。李某深信无疑，决定委托杨某代理诉讼。李某因为不愿与王某见面，向法院申请不出庭，C 区法院予以准许。

C 区法院公开审理了此案。在开庭审理中，李某的诉讼代理人杨某称，李某要求离婚的原因，是王某所生的孩子与李某没有血缘关系，但未提供任何证据；王某承认自己所生的孩子不是李某的，但表示双方依然存在感情，不愿意离婚。C 区法院经过审理，判决不准予离婚。李某不服一审判决提起上诉。A 市中级法院认为王某既已承认孩子非与李某所生，就表明两人感情确已破裂，应当判决离婚。遂于 2007 年 4 月作出二审判决，准予离婚，其中明确了孩子的抚养权和财产的分割。

王某认为其与李某的感情并未破裂，法院的离婚判决存在问题，2007年 6 月向 A 市检察院提出申诉。A 市检察院经审查认为，A 市中级法院认定事实不清，准予离婚的判决存在错误，财产分配也明显不当，且对李某私存的存款部分未进行分割，拟以本院名义通过审判监督程序要求法院纠正错误判决。

问题：王某承认孩子非与李某所生，属于自认吗？为什么？（2008 年·四川）

【答案】王某承认自己所生的孩子不是李某的，其在证据中不属于"自认"的范畴，因为诉讼过程中，一方当事人对另一方当事人陈述的案件事实明确表示承认的，另一方当事人无需举证。但涉及身分关系的案件除外。

10. 案情：甲省 A 县大力公司与乙省 B 县铁成公司，在丙省 C 县签订煤炭买卖合同，由大力公司向铁成公司出售 3000 吨煤炭，交货地点为 C县。双方约定，因合同所生纠纷，由 A 县法院或 C 县法院管辖。

合同履行中，为便于装船运输，铁成公司电话告知大力公司交货地点改为丁省 D 县，大力公司同意。大力公司经海运向铁成公司发运 2000 吨煤炭，存放于铁成公司在 D 县码头的货场。大力公司依约要求铁成公司支付已发煤款遭拒，遂决定暂停发运剩余 1000 吨煤炭。

在与铁成公司协商无果情况下，大力公司向 D 县法院提起诉讼，要求铁成公司支付货款并请求解除合同。审理中，铁成公司辩称并未收到 2000 吨煤炭，要求驳回原告诉讼请求。大力公司向法院提交了铁成公司员工季某（季某是铁成公司业务代表）向大力公司出具的收货确认书，但该确认书是季某以长远公司业务代表名义出具的。经查，长远公司并不存在，季某承认长远公司为其杜撰。据此，一审法院追加季某为被告。经审理，一审法院判决铁成公司向大力公司支付货款，季某对此承担连带责任。

铁成公司不服一审判决提起上诉，要求撤销一审判决中关于责令自己向大力公司支付货款的内容，大力公司、季某均未上诉。经审理，二审法院判决撤销一审判决，驳回原告要求被告支付货款并解除合同的诉讼请求。

二审判决送达后第10天，大力公司负责该业务的黎某在其手机中偶然发现，自己存有与季某关于2000吨煤炭验收、付款及剩余煤炭发运等事宜的谈话录音，明确记录了季某代表铁成公司负责此项煤炭买卖的有关情况，大力公司遂向法院申请再审，坚持要求铁成公司支付货款并解除合同的请求。

问题：法院对大力公司提出的再审请求如何处理？为什么？（2010年）

**【解析】** 根据《最高人民法院关于适用〈中华人民共和国民事诉讼法〉审判监督程序若干问题的解释》第10条规定，申请再审人提交下列证据之一的，人民法院可以认定为民事诉讼法第179条第1款第1项规定的"新的证据"：①原审庭审结束前已客观存在庭审结束后新发现的证据；……本案中黎某的证据属于庭审结束前已经存在但是庭审结束后新发现的证据，属于新证据，法院可以根据《民事诉讼法》第179条："当事人的申请符合下列情形之一的，人民法院应当再审：①有新的证据，足以推翻原判决、裁定的；……"的规定进行再审。根据《民诉意见》第182条的规定："对当事人在一审中已经提出的诉讼请求，原审人民法院未作审理、判决的，第二审人民法院可以根据当事人自愿的原则进行调解，调解不成的，发回重审。"结合本题来看，二审法院没有调解就直接判决是错误的，违反了先调解后发回的程序，根据《民诉意见》第210条第2项的规定："具有本意见第181条规定的违反法定程序的情况，可能影响案件正确判决、裁定的，裁定撤销一、二审判决，发回原审人民法院重审。"

**【答案】** 再审法院应当认定其为新证据，进行再审。因为黎某提供的证据符合新证据的规定，当事人申请再审符合法定条件，法院应当再审。法院应当就解除合同的请求进行调解，调解不成的，应当撤销一、二审判决，发回原审法院重审。

# 附录二
## 有关民事证据的法律和司法解释

### 一、《中华人民共和国民事诉讼法》（节录）

（1991 年 4 月 9 日第七届全国人民代表大会第四次会议通过　根据 2007 年 10 月 28 日第十届全国人民代表大会常务委员会第三十次会议《关于修改〈中华人民共和国民事诉讼法〉的决定》修正，自 2008 年 4 月 1 日起施行。）

第六章　证　据

第六十三条　证据有下列几种：

（一）书证；

（二）物证；

（三）视听资料；

（四）证人证言；

（五）当事人的陈述；

（六）鉴定结论；

（七）勘验笔录。

以上证据必须查证属实，才能作为认定事实的根据。

第六十四条　当事人对自己提出的主张，有责任提供证据。

当事人及其诉讼代理人因客观原因不能自行收集的证据，或者人民法院认为审理案件需要的证据，人民法院应当调查收集。

人民法院应当按照法定程序，全面地、客观地审查核实证据。

第六十五条　人民法院有权向有关单位和个人调查取证，有关单位和个人不得拒绝。

人民法院对有关单位和个人提出的证明文书，应当辨别真伪，审查确定其效力。

第六十六条　证据应当在法庭上出示，并由当事人互相质证。对涉及国家秘密、商业秘密和个人隐私的证据应当保密，需要在法庭出示的，不得在公开开庭时出示。

第六十七条　经过法定程序公证证明的法律行为、法律事实和文书，人民法院应当作为认定事实的根据。但有相反证据足以推翻公证证明的除外。

第六十八条　书证应当提交原件。物证应当提交原物。提交原件或者原物确有困难的，可以提交复制品、照片、副本、节录本。

提交外文书证，必须附有中文译本。

第六十九条　人民法院对视听资料，应当辨别真伪，并结合本案的其他证据，审查确定能否作为认定事实的根据。

第七十条　凡是知道案件情况的单位和个人，都有义务出庭作证。有关单位的负责人应当支持证人作证。证人确有困难不能出庭的，经人民法院许可，可以提交书面证言。

不能正确表达意志的人，不能作证。

第七十一条　人民法院对当事人的陈述，应当结合本案的其他证据，审查确定能否作为认定事实的根据。

当事人拒绝陈述的，不影响人民法院根据证据认定案件事实。

第七十二条　人民法院对专门性问题认为需要鉴定的，应当交由法定鉴定部门鉴定；没有法定鉴定部门的，由人民法院指定的鉴定部门鉴定。

鉴定部门及其指定的鉴定人有权了解进行鉴定所需要的案件材料，必要时可以询问当事人、证人。

鉴定部门和鉴定人应当提出书面鉴定结论，在鉴定书上签名或者盖章。鉴定人鉴定的，应当由鉴定人所在单位加盖印章，证明鉴定人身份。

第七十三条　勘验物证或者现场，勘验人必须出示人民法院的证件，并邀请当地基层组织或者当事人所在单位派人参加。当事人或者当事人的成年家属应当到场，拒不到场的，不影响勘验的进行。

有关单位和个人根据人民法院的通知，有义务保护现场，协助勘验工作。

勘验人应当将勘验情况和结果制作笔录，由勘验人、当事人和被邀参加人签名或者盖章。

第七十四条　在证据可能灭失或者以后难以取得的情况下，诉讼参加人可以向人民法院申请保全证据，人民法院也可以主动采取保全措施。

**二、最高人民法院印发《关于适用〈中华人民共和国民事诉讼法〉若干问题的意见》的通知（节录）**

（1992 年 7 月 14 日最高人民法院审判委员会第 528 次会议讨论通过，法发〔1992〕22 号）

三、证据

70. 人民法院收集调查证据，应由两人以上共同进行。调查材料要由调查人、被调查人、记录人签名或盖章。

71. 对当事人提供的证据，人民法院应当出具收据，注明证据的名称、收到的时间、份数和页数，由审判员或书记员签名或盖章。

72. 证据应当在法庭上出示，并经过庭审辩论、质证。依法应当保密的证据，人民法院可视具体情况决定是否在开庭时出示，需要出示的，也不得在公开开庭时出示。

73. 依照民事诉讼法第六十四条第二款规定，由人民法院负责调查收集的证据包括：

（1）当事人及其诉讼代理人因客观原因不能自行收集的；

（2）人民法院认为需要鉴定、勘验的；

（3）当事人提供的证据互相有矛盾、无法认定的；

（4）人民法院认为应当由自己收集的其他证据。

74. 在诉讼中，当事人对自己提出的主张，有责任提供证据。但在下列侵权诉讼中，对原告提出的侵权事实，被告否认的，由被告负责举证：

（1）因产品制造方法发明专利引起的专利侵权诉讼；

（2）高度危险作业致人损害的侵权诉讼；

（3）因环境污染引起的损害赔偿诉讼；

（4）建筑物或者其他设施以及建筑物上的搁置物、悬挂物发生倒塌、脱落、坠落致人损害的侵权诉讼；

（5）饲养动物致人损害的侵权诉讼；

（6）有关法律规定由被告承担举证责任的。

75. 下列事实，当事人无需举证：

（1）一方当事人对另一方当事人陈述的案件事实和提出的诉讼请求，明确表示承认的；

（2）众所周知的事实和自然规律及定理；

（3）根据法律规定或已知事实，能推定出的另一事实；

（4）已为人民法院发生法律效力的裁判所确定的事实；

（5）已为有效公证书所证明的事实。

76. 人民法院对当事人一时不能提交证据的，应根据具体情况，指定其在合理期限内提交。当事人在指定期限内提交确有困难的，应在指定期限届满之前，向人民法院申请延期。延长的期限由人民法院决定。

77. 依照民事诉讼法第六十五条由有关单位向人民法院提出的证明文书，应由单位负责人签名或盖章，并加盖单位印章。

78. 证据材料为复制件，提供人拒不提供原件或原件线索，没有其他材料可以印证，对方当事人又不予承认的，在诉讼中不得作为认定事实的根据。

**三、最高人民法院关于民事诉讼证据的若干规定**

（《最高人民法院关于民事诉讼证据的若干规定》于2001年12月6日由最高人民法院审判委员会第1201次会议通过。自2002年4月1日起施行。）

### 一、当事人举证

第一条　原告向人民法院起诉或者被告提出反诉，应当附有符合起诉条件的相应的证据材料。

第二条　当事人对自己提出的诉讼请求所依据的事实或者反驳对方诉讼请求所依据的事实有责任提供证据加以证明。

没有证据或者证据不足以证明当事人的事实主张的，由负有举证责任的当事人承担不利后果。

第三条　人民法院应当向当事人说明举证的要求及法律后果，促使当事人在合理期限内积极、全面、正确、诚实地完成举证。

当事人因客观原因不能自行收集的证据，可申请人民法院调查收集。

第四条　下列侵权诉讼，按照以下规定承担举证责任：

（一）因新产品制造方法发明专利引起的专利侵权诉讼，由制造同样产品的单位或者个人对其产品制造方法不同于专利方法承担举证责任；

（二）高度危险作业致人损害的侵权诉讼，由加害人就受害人故意造成损害的事实承担举证责任；

（三）因环境污染引起的损害赔偿诉讼，由加害人就法律规定的免责事由及其行为与损害结果之间不存在因果关系承担举证责任；

（四）建筑物或者其他设施以及建筑物上的搁置物、悬挂物发生倒塌、脱落、坠落致人损害的侵权诉讼，由所有人或者管理人对其无过错承担举证责任；

（五）饲养动物致人损害的侵权诉讼，由动物饲养人或者管理人就受害人有过错或者第三人有过错承担举证责任；

（六）因缺陷产品致人损害的侵权诉讼，由产品的生产者就法律规定的免责事由承担举证责任；

（七）因共同危险行为致人损害的侵权诉讼，由实施危险行为的人就其行为与损害结果之间不存在因果关系承担举证责任；

（八）因医疗行为引起的侵权诉讼，由医疗机构就医疗行为与损害结果之间不存在因果关系及不存在医疗过错承担举证责任。

有关法律对侵权诉讼的举证责任有特殊规定的，从其规定。

第五条　在合同纠纷案件中，主张合同关系成立并生效的一方当事人对合同订立和生效的事实承担举证责任；主张合同关系变更、解除、终止、撤销的一方当事人对引起合同关系变动的事实承担举证责任。

对合同是否履行发生争议的，由负有履行义务的当事人承担举证责任。

对代理权发生争议的，由主张有代理权一方当事人承担举证责任。

第六条　在劳动争议纠纷案件中，因用人单位作出开除、除名、辞退、解除劳动合同、减少劳动报酬、计算劳动者工作年限等决定而发生劳动争议的，由用人单位负举证责任。

第七条　在法律没有具体规定，依本规定及其他司法解释无法确定举证责任承担时，人民法院可以根据公平原则和诚实信用原则，综合当事人举证能力等因素确定举证责任的承担。

第八条　诉讼过程中，一方当事人对另一方当事人陈述的案件事实明确表示承认的，另一方当事人无需举证。但涉及身分关系的案件除外。

对一方当事人陈述的事实，另一方当事人既未表示承认也未否认，经审判人员充分说明并询问后，其仍不明确表示肯定或者否定的，视为对该项事实的承认。

当事人委托代理人参加诉讼的，代理人的承认视为当事人的承认。但未经特别授权的代理人对事实的承认直接导致承认对方诉讼请求的除外；当事人在场但对其代理人的承认不作否认表示的，视为当事人的承认。

当事人在法庭辩论终结前撤回承认并经对方当事人同意，或者有充分证据证明其承认行为是在受胁迫或者重大误解情况下作出且与事实不符的，不能免除对方当事人的举证责任。

第九条　下列事实，当事人无需举证证明：

（一）众所周知的事实；

（二）自然规律及定理；

（三）根据法律规定或者已知事实和日常生活经验法则，能推定出的另一事实；

（四）已为人民法院发生法律效力的裁判所确认的事实；

（五）已为仲裁机构的生效裁决所确认的事实；

（六）已为有效公证文书所证明的事实。

前款（一）、（三）、（四）、（五）、（六）项，当事人有相反证据足以推翻的除外。

第十条　当事人向人民法院提供证据，应当提供原件或者原物。如需自己保存证据原件、原物或者提供原件、原物确有困难的，可以提供经人民法院核对无异的复制件或者复制品。

第十一条　当事人向人民法院提供的证据系在中华人民共和国领域外形成的，该证据应当经所在国公证机关予以证明，并经中华人民共和国驻该国使领馆予以认证，或者履行中华人民共和国与该所在国订立的有关条约中规定的证明手续。

当事人向人民法院提供的证据是在香港、澳门、台湾地区形成的，应当履行相关的证明手续。

第十二条　当事人向人民法院提供外文书证或者外文说明资料，应当附有中文译本。

第十三条　对双方当事人无争议但涉及国家利益、社会公共利益或者他人合法权益的事实，人民法院可以责令当事人提供有关证据。

附录二

第十四条　当事人应当对其提交的证据材料逐一分类编号，对证据材料的来源、证明对象和内容作简要说明，签名盖章，注明提交日期，并依照对方当事人人数提出副本。

人民法院收到当事人提交的证据材料，应当出具收据，注明证据的名称、份数和页数以及收到的时间，由经办人员签名或者盖章。

## 二、人民法院调查收集证据

第十五条　《民事诉讼法》第六十四条规定的"人民法院认为审理案件需要的证据"，是指以下情形：

（一）涉及可能有损国家利益、社会公共利益或者他人合法权益的事实；

（二）涉及依职权追加当事人、中止诉讼、终结诉讼、回避等与实体争议无关的程序事项。

第十六条　除本规定第十五条规定的情形外，人民法院调查收集证据，应当依当事人的申请进行。

第十七条　符合下列条件之一的，当事人及其诉讼代理人可以申请人民法院调查收集证据：

（一）申请调查收集的证据属于国家有关部门保存并须人民法院依职权调取的档案材料；

（二）涉及国家秘密、商业秘密、个人隐私的材料；

（三）当事人及其诉讼代理人确因客观原因不能自行收集的其他材料。

第十八条　当事人及其诉讼代理人申请人民法院调查收集证据，应当提交书面申请。申请书应当载明被调查人的姓名或者单位名称、住所地等基本情况、所要调查收集的证据的内容、需要由人民法院调查收集证据的原因及其要证明的事实。

第十九条　当事人及其诉讼代理人申请人民法院调查收集证据，不得迟于举证期限届满前七日。

人民法院对当事人及其诉讼代理人的申请不予准许的，应当向当事人或其诉讼代理人送达通知书。当事人及其诉讼代理人可以在收到通知书的次日起三日内向受理申请的人民法院书面申请复议一次。人民法院应当在收到复议申请之日起五日内作出答复。

第二十条　调查人员调查收集的书证，可以是原件，也可以是经核对无误的副本或者复制件。是副本或者复制件的，应当在调查笔录中说明来源和取证情况。

第二十条 调查人员调查收集的物证应当是原物。被调查人提供原物确有困难的，可以提供复制品或者照片。提供复制品或者照片的，应当在调查笔录中说明取证情况。

第二十二条 调查人员调查收集计算机数据或者录音、录像等视听资料的，应当要求被调查人提供有关资料的原始载体。提供原始载体确有困难的，可以提供复制件。提供复制件的，调查人员应当在调查笔录中说明其来源和制作经过。

第二十三条 当事人依据《民事诉讼法》第七十四条的规定向人民法院申请保全证据，不得迟于举证期限届满前七日。

当事人申请保全证据的，人民法院可以要求其提供相应的担保。

法律、司法解释规定诉前保全证据的，依照其规定办理。

第二十四条 人民法院进行证据保全，可以根据具体情况，采取查封、扣押、拍照、录音、录像、复制、鉴定、勘验、制作笔录等方法。

人民法院进行证据保全，可以要求当事人或者诉讼代理人到场。

第二十五条 当事人申请鉴定，应当在举证期限内提出。符合本规定第二十七条规定的情形，当事人申请重新鉴定的除外。

对需要鉴定的事项负有举证责任的当事人，在人民法院指定的期限内无正当理由不提出鉴定申请或者不预交鉴定费用或者拒不提供相关材料，致使对案件争议的事实无法通过鉴定结论予以认定的，应当对该事实承担举证不能的法律后果。

第二十六条 当事人申请鉴定经人民法院同意后，由双方当事人协商确定有鉴定资格的鉴定机构、鉴定人员，协商不成的，由人民法院指定。

第二十七条 当事人对人民法院委托的鉴定部门作出的鉴定结论有异议申请重新鉴定，提出证据证明存在下列情形之一的，人民法院应予准许：

（一）鉴定机构或者鉴定人员不具备相关的鉴定资格的；

（二）鉴定程序严重违法的；

（三）鉴定结论明显依据不足的；

（四）经过质证认定不能作为证据使用的其他情形。

对有缺陷的鉴定结论，可以通过补充鉴定、重新质证或者补充质证等方法解决的，不予重新鉴定。

第二十八条 一方当事人自行委托有关部门作出的鉴定结论，另一方当事人有证据足以反驳并申请重新鉴定的，人民法院应予准许。

第二十九条 审判人员对鉴定人出具的鉴定书，应当审查是否具有下列内容：

（一）委托人姓名或者名称、委托鉴定的内容；

（二）委托鉴定的材料；

（三）鉴定的依据及使用的科学技术手段；

（四）对鉴定过程的说明；

（五）明确的鉴定结论；

（六）对鉴定人鉴定资格的说明；

（七）鉴定人员及鉴定机构签名盖章。

第三十条 人民法院勘验物证或者现场，应当制作笔录，记录勘验的时间、地点、勘验人、在场人、勘验的经过、结果，由勘验人、在场人签名或者盖章。对于绘制的现场图应当注明绘制的时间、方位、测绘人姓名、身份等内容。

第三十一条 摘录有关单位制作的与案件事实相关的文件、材料，应当注明出处，并加盖制作单位或者保管单位的印章，摘录人和其他调查人员应当在摘录件上签名或者盖章。

摘录文件、材料应当保持内容相应的完整性，不得断章取义。

### 三、举证时限与证据交换

第三十二条 被告应当在答辩期届满前提出书面答辩，阐明其对原告诉讼请求及所依据的事实和理由的意见。

第三十三条 人民法院应当在送达案件受理通知书和应诉通知书的同时向当事人送达举证通知书。举证通知书应当载明举证责任的分配原则与要求、可以向人民法院申请调查取证的情形、人民法院根据案件情况指定的举证期限以及逾期提供证据的法律后果。

举证期限可以由当事人协商一致，并经人民法院认可。

由人民法院指定举证期限的，指定的期限不得少于三十日，自当事人收到案件受理通知书和应诉通知书的次日起计算。

第三十四条　当事人应当在举证期限内向人民法院提交证据材料，当事人在举证期限内不提交的，视为放弃举证权利。

对于当事人逾期提交的证据材料，人民法院审理时不组织质证。但对方当事人同意质证的除外。

当事人增加、变更诉讼请求或者提起反诉的，应当在举证期限届满前提出。

第三十五条　诉讼过程中，当事人主张的法律关系的性质或者民事行为的效力与人民法院根据案件事实作出的认定不一致的，不受本规定第三十四条规定的限制，人民法院应当告知当事人可以变更诉讼请求。

当事人变更诉讼请求的，人民法院应当重新指定举证期限。

第三十六条　当事人在举证期限内提交证据材料确有困难的，应当在举证期限内向人民法院申请延期举证，经人民法院准许，可以适当延长举证期限。当事人在延长的举证期限内提交证据材料仍有困难的，可以再次提出延期申请，是否准许由人民法院决定。

第三十七条　经当事人申请，人民法院可以组织当事人在开庭审理前交换证据。

人民法院对于证据较多或者复杂疑难的案件，应当组织当事人在答辩期届满后、开庭审理前交换证据。

第三十八条　交换证据的时间可以由当事人协商一致并经人民法院认可，也可以由人民法院指定。

人民法院组织当事人交换证据的，交换证据之日举证期限届满。当事人申请延期举证经人民法院准许的，证据交换日相应顺延。

第三十九条　证据交换应当在审判人员的主持下进行。

在证据交换的过程中，审判人员对当事人无异议的事实、证据应当记录在卷；对有异议的证据，按照需要证明的事实分类记录在卷，并记载异议的理由。通过证据交换，确定双方当事人争议的主要问题。

第四十条　当事人收到对方交换的证据后提出反驳并提出新证据的，人民法院应当通知当事人在指定的时间进行交换。

证据交换一般不超过两次。但重大、疑难和案情特别复杂的案件，人民法院认为确有必要再次进行证据交换的除外。

第四十一条　《民事诉讼法》第一百二十五条第一款规定的"新的证

据"，是指以下情形：

（一）一审程序中的新的证据包括：当事人在一审举证期限届满后新发现的证据；当事人确因客观原因无法在举证期限内提供，经人民法院准许，在延长的期限内仍无法提供的证据。

（二）二审程序中的新的证据

包括：一审庭审结束后新发现的证据；当事人在一审举证期限届满前申请人民法院调查取证未获准许，二审法院经审查认为应当准许并依当事人申请调取的证据。

第四十二条　当事人在一审程序中提供新的证据的，应当在一审开庭前或者开庭审理时提出。

当事人在二审程序中提供新的证据的，应当在二审开庭前或者开庭审理时提出；二审不需要开庭审理的，应当在人民法院指定的期限内提出。

第四十三条　当事人举证期限届满后提供的证据不是新的证据的，人民法院不予采纳。

当事人经人民法院准许延期举证，但因客观原因未能在准许的期限内提供，且不审理该证据可能导致裁判明显不公的，其提供的证据可视为新的证据。

第四十四条　《民事诉讼法》第一百七十九条第一款第（一）项规定的"新的证据"，是指原审庭审结束后新发现的证据。

当事人在再审程序中提供新的证据的，应当在申请再审时提出。

第四十五条　一方当事人提出新的证据的，人民法院应当通知对方当事人在合理期限内提出意见或者举证。

第四十六条　由于当事人的原因未能在指定期限内举证，致使案件在二审或者再审期间因提出新的证据被人民法院发回重审或者改判的，原审裁判不属于错误裁判案件。一方当事人请求提出新的证据的另一方当事人负担由此增加的差旅、误工、证人出庭作证、诉讼等合理费用以及由此扩大的直接损失，人民法院应予支持。

#### 四、质　证

第四十七条　证据应当在法庭上出示，由当事人质证。未经质证的证据，不能作为认定案件事实的依据。

当事人在证据交换过程中认可并记录在卷的证据，经审判人员在庭审中说明后，可以作为认定案件事实的依据。

第四十八条 涉及国家秘密、商业秘密和个人隐私或者法律规定的其他应当保密的证据，不得在开庭时公开质证。

第四十九条 对书证、物证、视听资料进行质证时，当事人有权要求出示证据的原件或者原物。但有下列情况之一的除外：

（一）出示原件或者原物确有困难并经人民法院准许出示复制件或者复制品的；

（二）原件或者原物已不存在，但有证据证明复制件、复制品与原件或原物一致的。

第五十条 质证时，当事人应当围绕证据的真实性、关联性、合法性，针对证据证明力有无以及证明力大小，进行质疑、说明与辩驳。

第五十一条 质证按下列顺序进行：

（一）原告出示证据，被告、第三人与原告进行质证；

（二）被告出示证据，原告、第三人与被告进行质证；

（三）第三人出示证据，原告、被告与第三人进行质证。

人民法院依照当事人申请调查收集的证据，作为提出申请的一方当事人提供的证据。

人民法院依照职权调查收集的证据应当在庭审时出示，听取当事人意见，并可就调查收集该证据的情况予以说明。

第五十二条 案件有两个以上独立的诉讼请求的，当事人可以逐个出示证据进行质证。

第五十三条 不能正确表达意志的人，不能作为证人。

待证事实与其年龄、智力状况或者精神健康状况相适应的无民事行为能力人和限制民事行为能力人，可以作为证人。

第五十四条 当事人申请证人出庭作证，应当在举证期限届满十日前提出，并经人民法院许可。

人民法院对当事人的申请予以准许的，应当在开庭审理前通知证人出庭作证，并告知其应当如实作证及作伪证的法律后果。

证人因出庭作证而支出的合理费用，由提供证人的一方当事人先行支付，由败诉一方当事人承担。

第五十五条 证人应当出庭作证，接受当事人的质询。

证人在人民法院组织双方当事人交换证据时出席陈述证言的，可视为出庭作证。

第五十六条　《民事诉讼法》第七十条规定的"证人确有困难不能出庭"，是指有下列情形：

（一）年迈体弱或者行动不便无法出庭的；

（二）特殊岗位确实无法离开的；

（三）路途特别遥远，交通不便难以出庭的；

（四）因自然灾害等不可抗力的原因无法出庭的；

（五）其他无法出庭的特殊情况。

前款情形，经人民法院许可，证人可以提交书面证言或者视听资料或者通过双向视听传输技术手段作证。

第五十七条　出庭作证的证人应当客观陈述其亲身感知的事实。证人为聋哑人的，可以其他表达方式作证。

证人作证时，不得使用猜测、推断或者评论性的语言。

第五十八条　审判人员和当事人可以对证人进行询问。证人不得旁听法庭审理；询问证人时，其他证人不得在场。人民法院认为有必要的，可以让证人进行对质。

第五十九条　鉴定人应当出庭接受当事人质询。

鉴定人确因特殊原因无法出庭的，经人民法院准许，可以书面答复当事人的质询。

第六十条　经法庭许可，当事人可以向证人、鉴定人、勘验人发问。

询问证人、鉴定人、勘验人不得使用威胁、侮辱及不适当引导证人的言语和方式。

第六十一条　当事人可以向人民法院申请由一至二名具有专门知识的人员出庭就案件的专门性问题进行说明。人民法院准许其申请的，有关费用由提出申请的当事人负担。

审判人员和当事人可以对出庭的具有专门知识的人员进行询问。

经人民法院准许，可以由当事人各自申请的具有专门知识的人员就有关案件中的问题进行对质。

具有专门知识的人员可以对鉴定人进行询问。

第六十二条　法庭应当将当事人的质证情况记入笔录，并由当事人核对后签名或者盖章。

### 五、证据的审核认定

**第六十三条**　人民法院应当以证据能够证明的案件事实为依据依法作出裁判。

**第六十四条**　审判人员应当依照法定程序，全面、客观地审核证据，依据法律的规定，遵循法官职业道德，运用逻辑推理和日常生活经验，对证据有无证明力和证明力大小独立进行判断，并公开判断的理由和结果。

**第六十五条**　审判人员对单一证据可以从下列方面进行审核认定：

（一）证据是否原件、原物、复印件、复制品与原件、原物是否相符；

（二）证据与本案事实是否相关；

（三）证据的形式、来源是否符合法律规定；

（四）证据的内容是否真实；

（五）证人或者提供证据的人，与当事人有无利害关系。

**第六十六条**　审判人员对案件的全部证据，应当从各证据与案件事实的关联程度、各证据之间的联系等方面进行综合审查判断。

**第六十七条**　在诉讼中，当事人为达成调解协议或者和解的目的作出妥协所涉及的对案件事实的认可，不得在其后的诉讼中作为对其不利的证据。

**第六十八条**　以侵害他人合法权益或者违反法律禁止性规定的方法取得的证据，不能作为认定案件事实的依据。

**第六十九条**　下列证据不能单独作为认定案件事实的依据：

（一）未成年人所作的与其年龄和智力状况不相当的证言；

（二）与一方当事人或者其代理人有利害关系的证人出具的证言；

（三）存有疑点的视听资料；

（四）无法与原件、原物核对的复印件、复制品；

（五）无正当理由未出庭作证的证人证言。

**第七十条**　一方当事人提出的下列证据，对方当事人提出异议但没有足以反驳的相反证据的，人民法院应当确认其证明力：

（一）书证原件或者与书证原件核对无误的复印件、照片、副本、节录本；

（二）物证原物或者与物证原物核对无误的复制件、照片、录像资

料等;

（三）有其他证据佐证并以合法手段取得的、无疑点的视听资料或者与视听资料核对无误的复制件;

（四）一方当事人申请人民法院依照法定程序制作的对物证或者现场的勘验笔录。

第七十一条 人民法院委托鉴定部门作出的鉴定结论,当事人没有足以反驳的相反证据和理由的,可以认定其证明力。

第七十二条 一方当事人提出的证据,另一方当事人认可或者提出的相反证据不足以反驳的,人民法院可以确认其证明力。

一方当事人提出的证据,另一方当事人有异议并提出反驳证据,对方当事人对反驳证据认可的,可以确认反驳证据的证明力。

第七十三条 双方当事人对同一事实分别举出相反的证据,但都没有足够的依据否定对方证据的,人民法院应当结合案件情况,判断一方提供证据的证明力是否明显大于另一方提供证据的证明力,并对证明力较大的证据予以确认。

因证据的证明力无法判断导致争议事实难以认定的,人民法院应当依据举证责任分配的规则作出裁判。

第七十四条 诉讼过程中,当事人在起诉状、答辩状、陈述及其委托代理人的代理词中承认的对己方不利的事实和认可的证据,人民法院应当予以确认,但当事人反悔并有相反证据足以推翻的除外。

第七十五条 有证据证明一方当事人持有证据无正当理由拒不提供,如果对方当事人主张该证据的内容不利于证据持有人,可以推定该主张成立。

第七十六条 当事人对自己的主张,只有本人陈述而不能提出其他相关证据的,其主张不予支持。但对方当事人认可的除外。

第七十七条 人民法院就数个证据对同一事实的证明力,可以依照下列原则认定:

（一）国家机关、社会团体依职权制作的公文书证的证明力一般大于其他书证;

（二）物证、档案、鉴定结论、勘验笔录或者经过公证、登记的书证,其证明力一般大于其他书证、视听资料和证人证言;

（三）原始证据的证明力一般大于传来证据；

（四）直接证据的证明力一般大于间接证据；

（五）证人提供的对与其有亲属或者其他密切关系的当事人有利的证言，其证明力一般小于其他证人证言。

第七十八条　人民法院认定证人证言，可以通过对证人的智力状况、品德、知识、经验、法律意识和专业技能等的综合分析作出判断。

第七十九条　人民法院应当在裁判文书中阐明证据是否采纳的理由。

对当事人无争议的证据，是否采纳的理由可以不在裁判文书中表述。

## 六、其　他

第八十条　对证人、鉴定人、勘验人的合法权益依法予以保护。

当事人或者其他诉讼参与人伪造、毁灭证据，提供假证据，阻止证人作证，指使、贿买、胁迫他人作伪证，或者对证人、鉴定人、勘验人打击报复的，依照《民事诉讼法》第一百零二条的规定处理。

第八十一条　人民法院适用简易程序审理案件，不受本解释中第三十二条、第三十三条第三款和第七十九条规定的限制。

第八十二条　本院过去的司法解释，与本规定不一致的，以本规定为准。

第八十三条　本规定自2002年4月1日起施行。2002年4月1日尚未审结的一审、二审和再审民事案件不适用本规定。

本规定施行前已经审理终结的民事案件，当事人以违反本规定为由申请再审的，人民法院不予支持。

本规定施行后受理的再审民事案件，人民法院依据《民事诉讼法》第一百八十四条的规定进行审理的，适用本规定。

图书在版编目（CIP）数据

民事证据法学 / 李政，徐秋菊主编． 一北京：中国政法大学出版社，2011.5
ISBN 978-7-5620-3872-6

Ⅰ.民… Ⅱ.①李…②徐… Ⅲ.民事诉讼-证据-法的理论 Ⅳ.D915.230.1

中国版本图书馆CIP数据核字(2011)第035705号

| 出版发行 | 中国政法大学出版社 |
| 经　销 | 全国各地新华书店 |
| 承　印 | 固安华明印业有限公司 |

720mm×960mm　16开本　　13.25印张　　210千字
2011年5月第1版　2014年8月第2次印刷
ISBN 978-7-5620-3872-6/D · 3832
印　数：3001-5000　　定　价：22.00元

| 社　址 | 北京市海淀区西土城路25号 |
| 电　话 | (010)58908435(编辑部)　58908325(发行部)　58908334(邮购部) |
| 通信地址 | 北京100088信箱8034分箱　邮政编码 100088 |
| 电子信箱 | fada.jc@sohu.com(编辑部) |
| 网　址 | http://www.cuplpress.com　(网络实名：中国政法大学出版社) |